AFRIKA

KREUZ UND QUER DURCH EINEN BUNTEN KONTINENT

TEXT
KIM CHAKANETSA

ILLUSTRATIONEN
MAYOWA ALABI

AUS DEM ENGLISCHEN VON
MARGOT WILHELMI

GERSTENBERG

INHALT

4–5 WILLKOMMEN IN AFRIKA

6–7 Afrika kennenlernen

8–9 AFRIKA
- 10–11 Aus Afrika
- 12–13 Ein Kontinent voller Kontraste

14–15 NORDAFRIKA
- 16–17 Bewegte Geschichte
- 18–19 Menschen und Kulturen Nordafrikas
- 20–21 Natur und Landschaften
- 22–23 Schlüsselfiguren und Vorbilder
- 24–25 Schnappschüsse

26–27 OSTAFRIKA
- 28–29 Tradition und Moderne
- 30–31 Menschen und Kulturen Ostafrikas
- 32–33 Natur und Landschaften
- 34–35 Schlüsselfiguren und Vorbilder
- 36–37 Schnappschüsse

38–39 ZENTRALAFRIKA
- 40–41 Eroberungen und Wanderungen
- 42–43 Menschen und Kulturen Zentralafrikas
- 44–45 Natur und Landschaften
- 46–47 Schlüsselfiguren und Vorbilder
- 48–49 Schnappschüsse

50–51 WESTAFRIKA
- 52–53 Macht und Wohlstand
- 54–55 Menschen und Kulturen Westafrikas
- 56–57 Natur und Landschaften
- 58–59 Schlüsselfiguren und Vorbilder
- 60–61 Schnappschüsse

62–63 SÜDLICHES AFRIKA
- 64–65 Großreiche
- 66–67 Menschen und Kulturen des Südlichen Afrika
- 68–69 Natur und Landschaften
- 70–71 Schlüsselfiguren und Vorbilder
- 72–73 Schnappschüsse

74–75 AFRIKA WELTWEIT
- 76–77 Von Afrika in alle Welt
- 78–81 Einflüsse Afrikas
- 82–83 Schlüsselfiguren und Vorbilder
- 84–87 Weise Worte
- 88–91 Kleine Flaggenkunde

92–93 Glossar

94–95 Register

WILLKOMMEN IN AFRIKA

Bei unserer Reise durch diesen bunten Kontinent und seine faszinierenden Länder stellen wir dir die fünf geografischen Regionen Nord-, Zentral-, Ost-, West- und Südliches Afrika vor. Die Karten sollen eine Geschichte erzählen und sind nicht maßstabsgetreu. Sie werden dich hoffentlich dazu anregen, diesen unglaublichen Kontinent kennenlernen zu wollen und noch mehr über seine erstaunliche Geschichte herauszufinden, als es selbst ein so großes Buch wie dieses vermitteln kann.

EINE WICHTIGE BEMERKUNG ZU ZEITANGABEN

Die Geschichte vieler afrikanischer Kulturen wurde nicht aufgeschrieben, sondern von Generation zu Generation weitererzählt. Da die Geschichtsschreibung in der Regel auf schriftlichen Zeugnissen beruht, gibt es für Afrika nicht immer übereinstimmende Zeitangaben.

WIE DIESES BUCH AUFGEBAUT IST

ZEITLEISTE

Jedes Kapitel beginnt mit einer Zeitleiste der wichtigsten historischen Ereignisse in der jeweiligen Region. Begib dich auf eine Zeitreise zu den frühesten Bewohnern des Kontinents – und springe dann direkt in die Gegenwart und schau, was sich alles verändert hat. Viele der angegebenen Daten werden bis heute von Historikern diskutiert. Die hier verwendeten Zeitangaben sind die am weitesten akzeptierten.

MENSCHEN UND KULTUREN

Afrika ist ein Erdteil mit ganz unterschiedlichen Lebensgemeinschaften und Kulturen. In diesem Kapitel können jeweils nur ein paar aus der großen Vielfalt vorgestellt werden.

NATUR UND LANDSCHAFTEN

Afrika ist die Heimat vielfältigster Pflanzen und Tiere. Seine Landschaften reichen von trockenen Wüsten bis zu üppigem Regenwald. Von der ersten bis zur letzten Seite dieses Buches kannst du Natur und Lebensräume dieses riesigen Erdteils entdecken.

SCHLÜSSELFIGUREN UND VORBILDER

Hier werden sechs Personen vorgestellt, die für die Kultur und Geschichte ihrer Länder wichtig sind.

SCHNAPPSCHÜSSE

Diese Seiten werfen ein Licht darauf, was jede Region einzigartig macht – von Musik über politisches Engagement bis zu ökologischen Themen. Das soll Anregung für dich sein, mehr herauszufinden!

AFRIKA KENNENLERNEN

Komm mit auf eine Reise durch den zweitgrößten Kontinent der Erde – eine Welt voller Kontraste, mit geschäftigen Millionenstädten, weiten Savannen, schneebedeckten Hochländern und riesigen Wüsten. Afrika besteht aus 54 Ländern mit einzigartigen Landschaften und einem ganz eigenen Charakter. Die Afrikanische Union zählt sogar 55 Länder inklusive Westsahara. Es ist Heimat von mehr als 1,4 Milliarden Menschen. In Anbetracht seiner Größe verwundert es nicht, dass in Afrika über 2000 Sprachen gesprochen werden, darunter Afar, Bemba, Lingala, Shona, Wolof und Xhosa. Das sind etwa 30 Prozent aller Sprachen auf der Welt. Von den *Berbern* Nordafrikas über die *Massai* Ostafrikas und die *Yoruba* Westafrikas bis zu den *Herero* im Südlichen Afrika – Afrika ist ein Kontinent mit unglaublich vielfältigen Lebensweisen und Kulturen.

XHOSA ist eine von Südafrikas elf Amtssprachen. Sie ist eine der wenigen Sprachen auf der Welt, die Klicklaute verwendet.

WIEGE DER MENSCHHEIT

Naturwissenschaftler und Archäologinnen haben Millionen Jahre alte Fossilien gefunden, die darauf hinweisen, dass der Ursprung der Menschheit in Afrika liegt. Deshalb wird Afrika manchmal als »Wiege der Menschheit« bezeichnet.

Dieser Kontinent hat eine vielfältige, lebendige Geschichte, die Jahrmillionen und viele verschiedene Hochkulturen umfasst. Zu diesen Hochkulturen zählen die alten Ägypter, das Songhaireich und das Reich von Ghana, um nur einige zu nennen. Neben seiner erstaunlichen Vielfalt an Völkern, Sprachen und Nationen ist Afrika auch für seine abwechslungsreichen Landschaften und seine Natur bekannt. Im dichten Urwald der Virunga-Vulkane ist es möglich, dem Berggorilla zu begegnen, einem der größten Menschenaffen. Bei einem Besuch des Serengeti-Nationalparks kann man auf eine Herde Afrikanischer Elefanten treffen, die durch die Savanne wandert. Im Hochland von Äthiopien, wo einige der höchsten Berge des Kontinents liegen, lässt sich vielleicht sogar einer der seltenen Äthiopischen Wölfe blicken.

Von *Nollywood* – Nigerias Filmindustrie – bis zu Kenias *Silicon Savannah*: Das Afrika von heute ist ein Ort der Kreativität und Genialität.

AFRIKANISCHE ELEFANTEN sind in 37 Ländern Afrikas zu finden. Elefantenkälber können eine halbe Stunde nach der Geburt stehen und innerhalb von ein bis zwei Stunden mit der Herde mitlaufen.

BERGGORILLAS sind mächtige Tiere. Ein männlicher Berggorilla bringt bis zu 200 Kilogramm auf die Waage.

AFRIKA

Afrika bietet atemberaubende Naturwunder und verborgene Schätze. Von den weiten Wüsten und dichten Regenwäldern bis zu den Skylines der lebhaften Städte – seine Landschaften sind ebenso vielfältig wie seine Tierwelt. Afrika ist ein Ort für gewagte Träume und brillante Köpfe – ein Kontinent der unbegrenzten Möglichkeiten!

Vielerorts in Afrika gibt es Grenzstreitigkeiten. Einige dieser Konflikte gehen auf willkürliche Grenzziehungen der Kolonialmächte zurück, als diese den Kontinent bei der Berliner Westafrika-Konferenz 1884–1885 unter sich aufteilten. Manche sind kleinere Unstimmigkeiten, z. B., ob man ein bestimmtes Land der Region Ostafrika oder Südafrika zurechnen soll. Bei anderen geht es jedoch um mehr. So schwelt seit Langem der Konflikt zwischen Marokko und den Bewohnern der Region Westsahara, die nach Unabhängigkeit streben. Das dünn besiedelte Gebiet an der Nordwestküste Afrikas wurde 1975 von Marokko annektiert, das heißt, Marokko besetzte die Region. Dies führte zu einem lang anhaltenden Konflikt, der erst 1991 beigelegt wurde, als die Vereinten Nationen ein Waffenstillstandsabkommen aushandelten. Dennoch bleibt der Konflikt ungelöst.

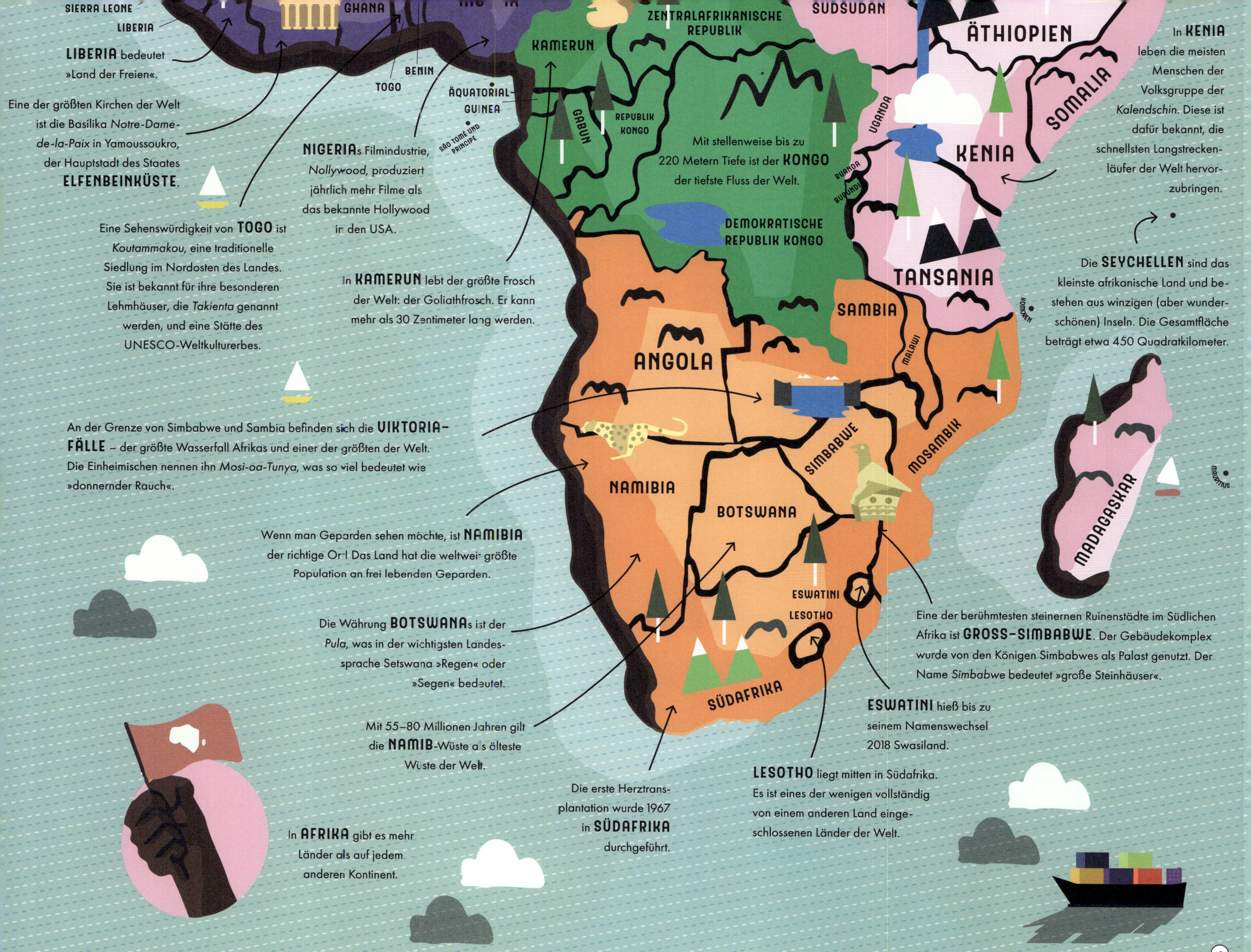

LIBERIA bedeutet »Land der Freien«.

Eine der größten Kirchen der Welt ist die Basilika *Notre-Dame-de-la-Paix* in Yamoussoukro, der Hauptstadt des Staates **ELFENBEINKÜSTE**.

NIGERIAs Filmindustrie, *Nollywood*, produziert jährlich mehr Filme als das bekannte Hollywood in den USA.

Eine Sehenswürdigkeit von **TOGO** ist *Koutammakou*, eine traditionelle Siedlung im Nordosten des Landes. Sie ist bekannt für ihre besonderen Lehmhäuser, die *Takienta* genannt werden, und eine Stätte des UNESCO-Weltkulturerbes.

In **KAMERUN** lebt der größte Frosch der Welt: der Goliathfrosch. Er kann mehr als 30 Zentimeter lang werden.

Mit stellenweise bis zu 220 Metern Tiefe ist der **KONGO** der tiefste Fluss der Welt.

In **KENIA** leben die meisten Menschen der Volksgruppe der *Kalendschin*. Diese ist dafür bekannt, die schnellsten Langstreckenläufer der Welt hervorzubringen.

Die **SEYCHELLEN** sind das kleinste afrikanische Land und bestehen aus winzigen (aber wunderschönen) Inseln. Die Gesamtfläche beträgt etwa 450 Quadratkilometer.

An der Grenze von Simbabwe und Sambia befinden sich die **VIKTORIA-FÄLLE** – der größte Wasserfall Afrikas und einer der größten der Welt. Die Einheimischen nennen ihn *Mosi-oa-Tunya*, was so viel bedeutet wie »donnernder Rauch«.

Wenn man Geparden sehen möchte, ist **NAMIBIA** der richtige Ort! Das Land hat die weltweit größte Population an frei lebenden Geparden.

Die Währung **BOTSWANA**s ist der *Pula*, was in der wichtigsten Landessprache Setswana »Regen« oder »Segen« bedeutet.

Mit 55–80 Millionen Jahren gilt die **NAMIB**-Wüste als älteste Wüste der Welt.

Eine der berühmtesten steinernen Ruinenstädte im Südlichen Afrika ist **GROSS-SIMBABWE**. Der Gebäudekomplex wurde von den Königen Simbabwes als Palast genutzt. Der Name *Simbabwe* bedeutet »große Steinhäuser«.

ESWATINI hieß bis zu seinem Namenswechsel 2018 Swasiland.

LESOTHO liegt mitten in Südafrika. Es ist eines der wenigen vollständig von einem anderen Land eingeschlossenen Länder der Welt.

Die erste Herztransplantation wurde 1967 in **SÜDAFRIKA** durchgeführt.

In **AFRIKA** gibt es mehr Länder als auf jedem anderen Kontinent.

AUS AFRIKA

Wir sind alle ein bisschen afrikanisch, denn die Menschheit entstand vor etwa drei Millionen Jahren in Afrika! Forscherinnen und Forscher haben in Ostafrika Menschenfossilien entdeckt, die zeigen, wo sich die Linie unserer Vorfahren von jener der Primaten getrennt hat, wo sie den aufrechten Gang entwickelt haben, wo sie begannen, Werkzeuge zu gebrauchen, und von wo aus sie schließlich in alle Welt zogen.

VOR CIRCA 3000 JAHREN
DIE BANTU-WANDERUNGEN

Vor über 3000 Jahren gab es eine große Völkerwanderung in Afrika. Bantu sprechende Völker verließen nach und nach ihre Heimat im westlichen Zentralafrika und zogen nach Osten und Süden. Die Wanderungen dauerten wahrscheinlich viele Jahre an. Es ist nicht klar, warum die Menschen ihre Heimat verließen. Heute gibt es etwa 310 Millionen Menschen, die eine Bantusprache sprechen.

UM 3100–30 V. CHR.
ALTES ÄGYPTEN

Die Hochkultur des alten Ägypten begann vor etwa 5000 Jahren und dauerte etwa 3000 Jahre an. Sie ist bekannt für ihre großen Pyramiden, Pharaonen, Grabmäler und Mumien.

UM 1200–1600
DIE GROSSEN REICHE VON MALI UND SONGHAI

Mali wurde 300 Jahre lang von zweien der größten Reiche der afrikanischen Geschichte beherrscht. Das erste Reich wurde im 13. Jahrhundert unter der Führung von Sundiata Keita begründet, das zweite im 15. Jahrhundert unter Sunni Ali dem Großen.

UM 1480–1866
TRANSATLANTISCHER SKLAVENHANDEL

Mit dem 15. Jahrhundert begann das sogenannte Zeitalter der Entdeckungen. Damals fingen europäische Seeleute an, die Welt nach Waren abzusuchen. Bei der Erforschung Afrikas führend waren die Portugiesen, aber bald folgten auch andere Europäer wie die Engländer und die Spanier. Die Entdecker suchten nach Gütern, die sie gnadenlos in Besitz nehmen und verkaufen konnten, wie Kupfer, Stoffe und Elfenbein. Aber sie suchten auch nach einer anderen »Ware«: billigen Arbeitskräften. Das war der Beginn eines dunklen Kapitels – des Handels mit versklavten Menschen.

DER TRANSATLANTISCHE SKLAVENHANDEL

Geschätzte 12 Millionen Afrikanerinnen und Afrikaner wurden als Arbeitskräfte für die Plantagen und Minen über den Atlantik in die neuen Kolonien in Nord- und Südamerika und der Karibik gebracht.

Während der Verkauf von Menschen in die Versklavung europäische Händler reich machte, wurden Afrikanerinnen und Afrikaner auf diese Weise von ihren Familien getrennt, ihrer Freihiet beraubt und mit Grausamkeit und Gewalt behandelt. Die versklavten Menschen mussten ihren Herren gehorchen und ohne Bezahlung schwere Arbeit verrichten.

Den Europäern ermöglichte dieses System der billigen Arbeitskräfte den Aufbau großer Reiche und den Bau vieler der stattlichen Bauten. Die Sklaverei zerstörte jedoch das Leben von Millionen Afrikanerinnen und Afrikanern und ihrer Nachkommen. Die Folgen sind bis heute auf der ganzen Welt spürbar. Noch immer gibt es Diskriminierung der Nachfahren von Sklaven in Ländern wie z. B. den USA.

ÄTHIOPIEN und **LIBERIA** wurden nie vollständig kolonialisiert – eine Besonderheit!

UM 1884–1914
DER WETTLAUF UM AFRIKA

Gegen Ende des 19. Jahrhunderts fand der Handel mit versklavten Menschen ein Ende. In dieser Zeit strebten europäische Staaten nach mehr Macht und Reichtum, was dazu führte, dass sie afrikanische Länder einnahmen und besetzten. Sie nannten diese »Kolonien«. Die für die Aufteilung Afrikas verantwortlichen Kolonialherren verteilten das Land ohne Zustimmung der ansässigen Bevölkerung. Die neuen Grenzen wurden ohne Rücksicht auf Menschen, Kulturen und Geografie jener Regionen gezogen. Diese Vereinnahmungen sind bis heute eine Quelle von Konflikten.

um 100 v. Chr.–700 n. Chr.

REICH VON AKSUM

Das Reich von Aksum war ein wichtiger Handelsknotenpunkt in Nordostafrika. Das Reich erstreckte sich über das heutige Nordäthiopien bis zum Hochland von Eritrea und umfasste Teile des Sudan und Somalias. Es gilt als eine der vier wichtigsten Hochkulturen der Alten Welt und ist für eine Reihe von Errungenschaften bekannt, darunter eine eigene Schrift, das sogenannte Ge'ez-Alphabet. Aksum war eines der ersten Länder, die das Christentum als Staatsreligion annahmen – im 4. Jahrhundert.

um 500–1500

REICH VON IFE

Das Reich von Ife war ein mächtiges westafrikanisches Reich, das 500 n. Chr. aufkam und zwischen dem 11. und dem 15. Jahrhundert seine Blütezeit hatte. Sein Reichtum entstammte größtenteils dem Zugang zu einträglichen Handelsrouten und Handelsnetzen. Ife ist bekannt für seine außergewöhnlichen Skulpturen aus Bronze, Kupfer und Terrakotta.

um 1000–1450

GROSS-SIMBABWE

Im heutigen Simbabwe finden sich die Ruinen der Hauptstadt eines alten Reiches, das seine Blütezeit zwischen dem 10. und dem 15. Jahrhundert hatte. Die Ruinen der Stadt bestehen aus eindrucksvollen Steintürmen und Verteidigungsmauern. Groß-Simbabwe war eine der ersten Städte im Südlichen Afrika.

um 600–1200

REICH VON GHANA

Das Reich von Ghana, auch als Reich von Wagadu bekannt, lag im heutigen Nordwesten Malis, im östlichen Senegal und südöstlichen Mauretanien. Es war eines der großen mittelalterlichen Handelsreiche Westafrikas. Sein Reichtum beruhte auf dem Goldhandel. Trotz seines Namens hat das Reich mit dem heutigen Ghana nichts zu tun.

Großbritannien, Frankreich, Deutschland, Italien, Portugal, Spanien und Belgien waren **KOLONIALMÄCHTE**.

um 1884–1960

KOLONIALZEIT

Die Kolonialmächte herrschten über die afrikanischen Länder, die sie eroberten. Wenngleich sie Eisenbahnstrecken und Brücken bauten, die bis heute Bestand haben, war das Kolonialsystem darauf angelegt, den Reichtum Europas auf Kosten der lokalen Bevölkerung zu mehren. Die Kolonisierung veränderte Afrika dramatisch.

1957

UNABHÄNGIGKEIT!

Am 6. März 1957 erlangte Ghana als erstes Land Afrikas südlich der Sahara die Unabhängigkeit. Das bedeutete, dass die Kolonialmächte nicht mehr an der Macht waren. Kwame Nkrumah war der erste Präsident des nun freien Ghana. Die Unabhängigkeit Ghanas war nicht nur für das Land selbst wichtig, sondern für den ganzen Kontinent. Und bald folgten andere Länder diesem Beispiel.

1994

ENDE DER APARTHEID

Im April 1994 wurden in Südafrika erstmals demokratische Wahlen abgehalten, bei denen alle Bevölkerungsgruppen wählen durften. Nelson Mandela wurde zum ersten Schwarzen Präsidenten des Landes gewählt.

EIN KONTINENT VOLLER KONTRASTE

Afrika ist ein Kontinent der Vielfalt und Gegensätze! Wenn du auf einen Lastwagen springen oder zu Fuß von Kairo im Norden bis nach Kapstadt im Süden wandern würdest, könntest du einer Fülle von Völkern, Kulturen, Landschaften, Pflanzen und Tieren begegnen.

LESOTHO ist einer von drei Staaten weltweit, die von einem anderen völlig umschlossen sind. Die beiden anderen sind die Republik San Marino und Vatikanstadt, beide von Italien umgeben.

GEOGRAFIE

Die Sahara ist die größte Trockenwüste der Welt. Ihr Name Sahara bedeutet »Wüste« auf Arabisch. Sie bedeckt einen Großteil Nordafrikas und ist größer als Brasilien! Wenn die Wüste ein Land wäre, wäre es das fünftgrößte auf der Welt. Die sengenden Wüstentemperaturen und die Sanddünen der Sahara stehen in starkem Kontrast zu den grünen Tälern, hohen Bergen und Flüssen des Königreichs Lesotho in Südafrika. Lesotho wird manchmal als »Königreich im Himmel« bezeichnet, weil sein tiefster Punkt fast 1400 Meter über dem Meeresspiegel liegt. Etwa 80 Prozent der Staatsfläche liegen über 1800 Meter. Aufgrund der Höhenlage ist das Klima Lesothos kühler als in den meisten anderen Regionen auf diesem Breitengrad.

LEBENSSTIL

Die *Himba* im Norden Namibias sind bekannt für ihre seit Generationen unveränderte traditionelle Lebensweise. Sie leben als Halbnomaden und züchten Rinder und Ziegen. Berühmt sind ihre roten Zöpfe und die rote Haut, die durch eine *Otjize* genannte Mischung aus Butterfett und gemahlenem Ocker (einem vor Ort gefundenen Stein) ihre charakteristische Farbe erhalten. In den Straßen von Brazzaville (Republik Kongo) oder Kinshasa (Demokratische Republik Kongo) dagegen findet man einen ganz anderen Lebensstil. Hier sieht man *Sapeurs* (männlich) oder *Sapeuses* (weiblich), auffällig elegant nach westlichem Stil gekleidete Männer oder Frauen. Ihre dreiteiligen Anzüge, bunten Fliegen und Spazierstöcke verbinden alte Schneiderkunst mit einem frischen, farbenfrohen kongolesischen Flair.

ARCHITEKTUR

Auf dem Kontinent finden sich viele ganz unterschiedliche Baustile, die die lange, wechselhafte Geschichte seiner Kulturen und Völker widerspiegelt. Das Volk der *Matabele*, auch *Ndebele* genannt, lebte in Südafrika und benutzte Dung und Erde zur Gestaltung seiner Häuser. Diese sind für ihre farbenfrohen geometrischen Muster bekannt. Die Tradition, Häuser zu bemalen, geht bis ins 18. Jahrhundert zurück und war ein Weg, beispielsweise die Familie darzustellen oder Hochzeiten anzukündigen.

In der Stadt Lalibela in Äthiopien findet man einen ganz anderen besonderen Baustil – elf sogenannte monolithische Felsenkirchen. Die Kirche bzw. das Haus des heiligen Georg *(Bete Giyorgis)* ist eine der berühmtesten dieser mittelalterlichen Kirchen. Sie wurde im 12. Jahrhundert in einem Stück aus dem vulkanischen Gestein gehauen.

FÊTE DU VODOUN, der Voodoo-Feiertag, ist in Benin ein nationaler Feiertag.

RELIGION

Bei einem Kontinent mit vielen Völkern und Kulturen ist zu erwarten, dass es nicht nur eine Religion oder einen Glauben gibt. Die religiöse Identität der Menschen hängt oft davon ab, wo sie herkommen. Islam und Christentum spielen eine große Rolle, aber auch traditionelle Religionen sind von Bedeutung. Im westafrikanischen Benin ist Voodoo als offizielle Religion anerkannt. Doch Voodoo ist mehr als eine Glaubensrichtung. Es gilt als Lebensart und umfasst Kultur, Philosophie, Sprache, Kunst, Tanz, Musik und Medizin.

Es ist auch nicht ungewöhnlich, dass Menschen verschiedene Religionen mischen. Bei den Shona aus Simbabwe folgt ein Christ oder eine Christin durchaus auch traditionellen Bräuchen – so rufen sie zum Beispiel ihre Ahnengeister, die *Vadzimu*, damit diese ihnen Schutz oder Führung gewähren. Bei Geburt, Heirat und Tod greifen sie auf bestimmte alte Rituale zurück.

TIERE

Das größte Landtier der Erde lebt in Afrika. Der Afrikanische Elefant kann über drei Meter hoch werden und mehr als 6000 Kilogramm wiegen. Die Elefantenspitzmaus ist so klein wie eine Maus. Sie hat eine rüsselartige Schnauze, mit der sie Insekten fängt. Wie die Elefanten gehören die Elefantenspitzmäuse zu den »Afrotheria«, den Tierarten, die aus Afrika stammen.

NORDAFRIKA

Nordafrika besteht aus sieben Ländern: Algerien, Ägypten, Libyen, Mauretanien, Marokko, Tunesien und Westsahara. Wie auch im übrigen Erdteil finden sich im Norden des Kontinents unterschiedliche Landschaften. In dieser Region gibt es Berge, Wüsten, Savannen, Flüsse und Täler.

Das **ATLASGEBIRGE** erstreckt sich über etwa 2000 Kilometer durch Algerien, Marokko und Tunesien.

TUNESIEN ist das kleinste Land in Nordafrika.

MAROKKO ist eines von nur drei Königreichen, die es auf dem afrikanischen Kontinent noch gibt. Die beiden anderen sind Lesotho und Eswatini.
Die Universität von Al-Karaouine wurde im Jahr 859 gegründet und ist eine der ältesten Universitäten der Welt.

WESTSAHARA wird nicht von allen Ländern als unabhängiger Staat anerkannt. Grund dafür ist ein langjähriger Streit zwischen Marokko und der Region Westsahara, die nach Unabhängigkeit strebt.

ALGERIEN ist mit mehr als zwei Millionen Quadratkilometern das flächenmäßig größte afrikanische Land. In der Tassili N'Ajjer, einer Gebirgskette, finden sich die berühmtesten nordafrikanischen Felsmalereien – es sind über 15 000. Ihr Alter wird auf bis zu 12 000 Jahre geschätzt.

In **MAURETANIEN** findet sich das »Auge der Sahara«, auch »Auge Afrikas« genannt. Es handelt sich um eine Felsformation mit mehreren Ringwällen von etwa 50 Kilometern Durchmesser. Aus dem All sieht die auch »Richat-Struktur« genannte Formation aus wie ein Auge.

COUSCOUS ist ein typisches Gericht der nordafrikanischen Küche und wird oft zusammen mit Fleisch, Fisch und Gemüse serviert. Couscous wird aus Hartweizen-, Gersten- oder Hirsegrieß hergestellt.

In **TUNESIEN** befinden sich die Ruinen der antiken Stadt Karthago. Sie war in ihrer Blütezeit die größte und reichste Stadt der Welt.

Matmata ist eine kleine Stadt in **SÜDTUNESIEN**, wo viele Menschen in unterirdischen Wohnungen leben, um der Hitze zu entkommen.

In **LIBYEN** leben fast sieben Millionen Menschen.

Die Region nördlich der Sahara und westlich des Nils wird oft zusammenfassend als **MAGHREB** bezeichnet.

Ägyptens Hauptstadt **KAIRO** ist eine der ältesten islamischen Städte der Welt.

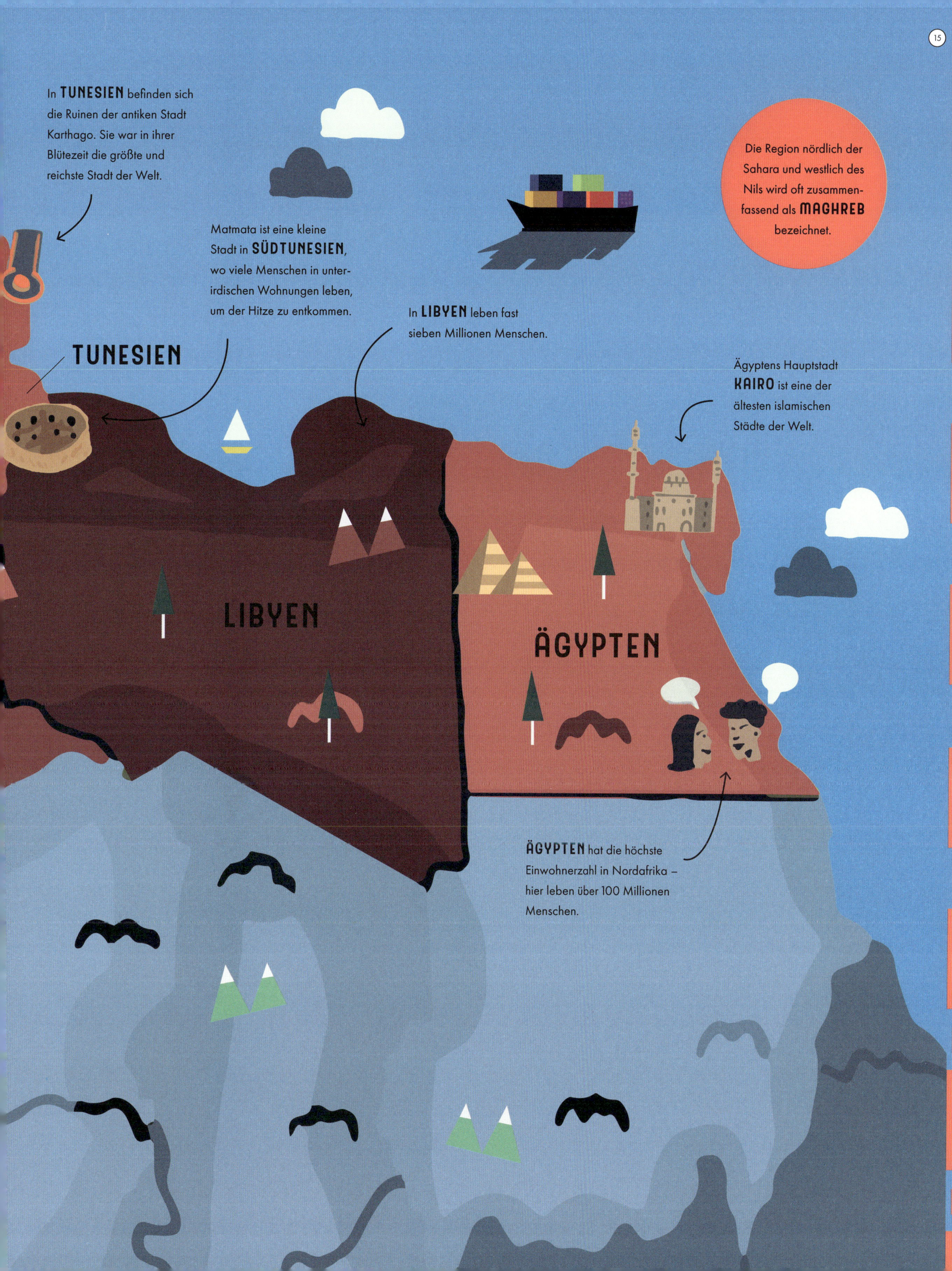

ÄGYPTEN hat die höchste Einwohnerzahl in Nordafrika – hier leben über 100 Millionen Menschen.

BEWEGTE GESCHICHTE

Nordafrika ist eine Region mit einer eindrucksvollen Geschichte. Es war die Heimat einer der ältesten Hochkulturen, die des Alten Ägypten. Heute ist es eine farbenfrohe Mischung aus Tradition und Moderne – man findet Nomaden, die ihre Kamele und Ziegen am Rande der Wüste weiden, ebenso wie riesige Megastädte. Die Vielfältigkeit der Region spiegelt sich auch in ihren Landschaften mit Bergen, Wüsten, Grasland, Flüssen und Tälern wieder.

UM 8000–6000 V. CHR. – STEINZEIT

EINE ANDERE SAHARA

In dieser Zeit war die Sahara nicht trocken und voller Sand wie heute. Damals gab es in der Region viel Regen, und sie war von Grasland bedeckt. Hier lebten sogar Elefanten, Nashörner und Flusspferde. Ein späterer Klimawandel machte aus der Sahara eine Trockenwüste. Heute ist sie eine der trockensten Regionen der Erde.

UM 264 V. CHR.

RÖMISCHE INVASION

Mit der Zeit breiteten sich Macht und Einfluss Karthagos von Nordafrika bis nach Sizilien aus. Die Römer nahmen dies als Bedrohung wahr und begannen den ersten der drei Punischen Kriege, die schließlich zur Zerstörung Karthagos durch die Römer im Jahr 146 v. Chr. führten.

UM 600 N. CHR.

ISLAMISCHE EXPANSION

Die Eroberung Nordafrikas durch die Araber begann 640 n. Chr. unter der Führung des Feldherrn Amr ibn al-As. Mit seiner 4000 Mann starken Armee aus Mekka nahm er viele Städte ein. Er gilt als historisch wichtige Person, da er den Islam in die Region brachte. Die Eroberungen führten schließlich dazu, dass der Islam eine der großen Weltreligionen wurde.

Zwischen dem 7. und dem 16. Jahrhundert erlebte die Region ständige Veränderungen und Turbulenzen, den Aufstieg und Fall verschiedener Herrscherfamilien, **DYNASTIEN** genannt. Zu den bedeutenderen Dynastien gehören die *Omajaden*, die *Abbasiden*, die *Fatimiden* und die *Ayyubiden* unter Sultan Saladin.

1062–1147

DIE ALMORAVIDEN

Die Almoraviden-Dynastie trat als neue islamische Macht auf. Die Almoraviden waren ethnisch mehr *Berber* als Araber, das heißt, sie gehörten zur angestammten Bevölkerung Nordafrikas. 1062 eroberten sie Marokko und machten Marrakesch zu ihrer Hauptstadt. Mit der Zeit übernahmen sie auch die Herrschaft in den Gebieten des heutigen Algerien, Mauretanien und Senegal sowie in Teilen Portugals und Spaniens.

1951–1962

UNABHÄNGIGKEIT

Nach dem Zweiten Weltkrieg forderten die Staaten Nordafrikas ihre Unabhängigkeit. Libyen erlangte diese von Italien 1951. Tunesien, Marokko, Mauretanien und Algerien kämpften weiter. 1956 gewährten die Franzosen Marokko und Tunesien volle Unabhängigkeit. Mauretanien erlangte diese 1960, Algerien 1962.

1805–1848

VIZEKÖNIG VON ÄGYPTEN

Nach Jahrhunderten unter der Herrschaft des Osmanischen Reichs übernahm ein Armeeoffizier namens Muhammad Ali Pascha die Macht in Ägypten. Er brachte nicht nur Stabilität, sondern förderte auch die Wirtschaft und mehrte den Einfluss des Landes. Er gilt als Vater des modernen Ägypten.

um 6000–3000 v. Chr.

Jungsteinzeitliche Landwirtschaft

In der Jungsteinzeit gab es eine Entwicklung weg vom Jagen und Sammeln. Die Menschen wurden sesshaft und betrieben Ackerbau und Viehzucht.

um 3100–30 v. Chr.

Ägyptische Hochkultur

Die Hochkultur des Alten Ägypten mit ihren Pharaonen genannten Königen und Königinnen währte Jahrtausende. Aus dem Alten Ägypten sind große Errungenschaften hervorgegangen, darunter die gewaltigen Steinpyramiden, erbaut als Grabmäler für die Pharaonen. Die Ägypter waren sehr religiös. Sie verehrten zahlreiche Göttinnen und Götter und glaubten an ein Leben nach dem Tod. Wenn eine einflussreiche Persönlichkeit starb, wurde ihr Körper durch Mumifizierung erhalten.

um 800 v. Chr.

Karthago

Die Stadt Karthago wurde im heutigen Tunesien gegründet, nachdem die *Phönizer* – eine Zivilisation von Seehändlern aus dem heutigen Syrien und Libanon – die Mittelmeerküste überfallen hatten. Mit der Zeit entwickelte sich Karthago dank ihres beeindruckenden Netzes von Handelsrouten zur mächtigen, wohlhabenden Hauptstadt des Punischen Reichs.

um 1130–1269

Die Almohaden-Dynastie

Die Almoraviden wurden von den Almohaden abgelöst, denen es gelang, die gesamte nordafrikanische Küste mit Ausnahme Ägyptens zu erobern und alle Berber in einem einzigen Reich zu vereinen. Während Marrakesch ihr Machtzentrum in Nordafrika blieb, machten sie Sevilla zu ihrer Hauptstadt in Spanien.

um 1500–1900

Kolonisation Nordafrikas

Europäische Staaten übernahmen ganze Gebiete in Afrika, und so war Ende des 19. Jahrhunderts Nordafrika von verschiedenen europäischen Staaten kolonisiert. Italien herrschte über Libyen, Marokko war französisches Protektorat, Algerien, Mauretanien und Tunesien wurden von Frankreich kontrolliert, und Ägypten stand unter der Herrschaft der Briten.

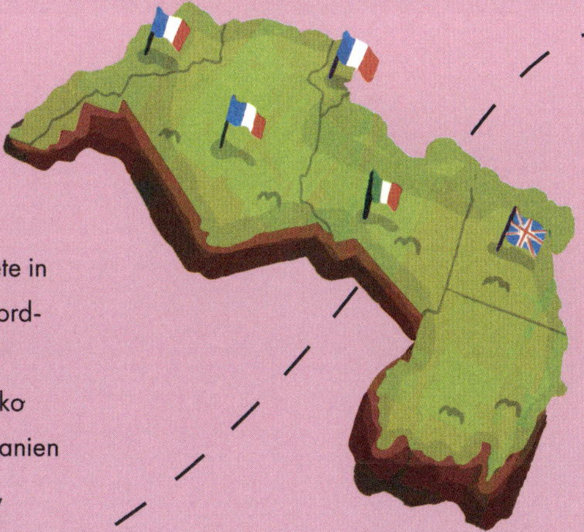

um 1500–1800

Osmanische Herrschaft

Nach dem Niedergang der Berberdynastien fiel ganz Nordafrika mit Ausnahme von Marokko bis zum 19. Jahrhundert unter die Herrschaft der Osmanen (Türken).

MENSCHEN UND KULTUREN NORDAFRIKAS

Nordafrika wurde ursprünglich von den *Berbern* bewohnt. Diese setzten sich aus *Tuareg*-Nomaden und einigen wenigen anderen lokalen Gruppen zusammen. Trotz Jahrhunderten der Eroberung, Kolonisation und Fremdherrschaft ist es Nordafrika gelungen, seine charakteristische Eigenart und sein kulturelles Erbe zu bewahren. Die Ankunft des Islam in der Region im Zuge der islamischen Expansion im 7. Jahrhundert hatte einen nachhaltigen Einfluss auf Kultur, Sprache und Religion in Nordafrika.

BERBER

Die *Berber*, auch bekannt als *Amazigh*, sind eine Volksgruppe, die seit Jahrtausenden in Nordafrika beheimatet ist. Sie gelten als die ersten Einwohner der Region. Bis zur Eroberung Nordafrikas durch die Araber beherrschten die *Berber* die Gegend. Heute leben sie in Marokko, Algerien, Libyen und Tunesien ebenso wie in anderen Teilen Nordafrikas. Ihre Kultur ist bekannt für ihr Kunsthandwerk, ihre Kleidung und Architektur.

Der Name **AMAZIGH** bedeutet in Tamazight, einer Berbersprache, »freier Mensch«.

TUAREG

Die *Tuareg* sind ein zu den *Berbern* zählendes Nomadenvolk. Spätestens seit dem 12. Jahrhundert sind sie hauptsächlich Muslime. Sie haben eine eigene Sprache, das *Tamascheq*. Aufgrund ihrer charakteristischen indigoblauen Gewänder werden die *Tuareg* manchmal als »blaue Ritter der Wüste« bezeichnet. Mit Kamelkarawanen ziehen sie durch die Wüste.

BEDUINEN

Die *Beduinen* (Arabisch für »Wüstenbewohner«) stammen ursprünglich von der arabischen Halbinsel. Manche *Beduinen* leben in Zelten und ziehen als Wanderhirten mit ihren Rindern und Ziegen von Ort zu Ort. Seit Mitte des 20. Jahrhunderts aber haben sich viele *Beduinen* in Städten niedergelassen und führen ein modernes Leben.

ÄGYPTER

Der Begriff Ägypter bezeichnet sowohl eine ethnische Gruppe als auch eine Staatsangehörigkeit. Ägypten war die Heimat einer der ältesten Hochkulturen der Welt und hat eine unglaubliche Geschichte der Sprache und Kultur. Das Ägyptische war eine der ersten Schriftsprachen der Welt, geschrieben in Hieroglyphen.

KOPTEN

Die koptischen Christen sind eine in Nordafrika beheimatete religiöse Gruppe, die größtenteils in Ägypten lebt, aber auch im Sudan oder in Libyen. Die Kopten haben einen eigenen Papst und einen anderen Kalender als die übrigen Christen. Im Jahr 451 spaltete sich die koptische Kirche ab. Grund dafür war die Uneinigkeit über die menschliche und göttliche Natur von Jesus. Die frühe koptische Kirche wurde im Römischen Reich verfolgt – und auch noch später, nachdem Ägypten ein muslimisches Land wurde. Diese Verfolgung dauert vielfach bis heute an.

SEPHARDEN UND MIZRACHIM

Vor einer großen Auswanderungswelle zu Beginn der 1960er-Jahre gehörten die jüdischen Gemeinden Nordafrikas zu den größten der Welt. Die *Mizrachim* stammen aus Nordafrika, Asien und dem Nahen Osten, und die ältesten Gemeinden reichen bis in vorislamische Zeit zurück. *Sephardische* Juden waren Geflüchtete aus Portugal und Spanien zur Zeit der Renaissance.

MAGHREB, NILTAL UND SAHEL

Die in Nordafrika lebenden ethnischen Gruppen werden durch die geografischen Regionen Maghreb, Niltal und Sahel (Sahara) getrennt.

Der früher auch »Berberküste« genannte **MAGHREB** umfasst die Länder Algerien, Libyen, Marokko und Tunesien. Im Maghreb stellen die *Berber* die Bevölkerungsmehrheit, und ein Großteil der Einwohnerinnen und Einwohner spricht eine Berbersprache. Aufgrund der früheren Eroberungen ist die Region auch Heimat von Arabern, Franzosen, *sephardischen* Juden und Westafrikanern.

Die **SAHELZONE** (oder **SAHEL**) ist die semiaride (halbtrockene) Übergangsregion zwischen der Sahara im Norden und der sudanesischen Savanne im Süden. *Sahel* ist arabisch und bedeutet »Ufer« oder »Küste«. Die meisten Bewohner des Sahel lebten traditionell als Halbnomaden von Ackerbau und Viehzucht.

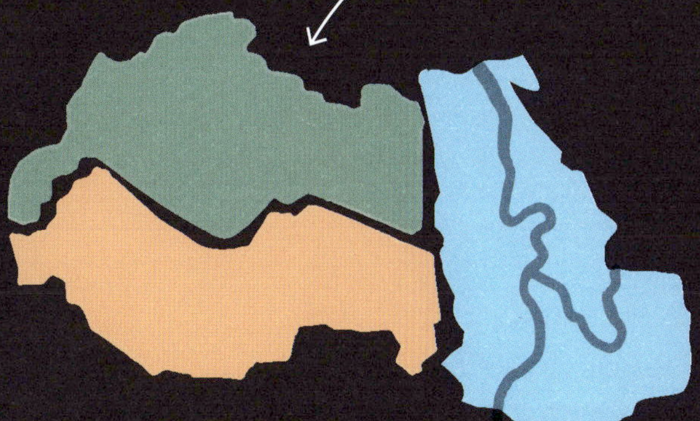

Das **NILTAL** und das Nildelta sind die Heimat der meisten Ägypter.

NATUR UND LANDSCHAFTEN

Nordafrika besitzt atemberaubende Landschaften und Gebiete mit einer beeindruckenden Artenvielfalt. Es gibt vier geografische Hauptregionen mit einer Fülle großer und kleiner Lebewesen.

Im Nil lebt Afrikas größtes Krokodil, das **NILKROKODIL**. Mit seinem mächtigen Gebiss, seiner Schnelligkeit und Reaktionsgeschwindigkeit ist es ein gefürchteter Räuber. Ein männliches Nilkrokodil kann bis zu sechs Meter lang werden!

DAS NILTAL UND DIE WÜSTE

Der Nil ist der Schicksalsfluss Ägyptens. Er fließt von Süden nach Norden durch Ostafrika und ist der längste Fluss der Welt. Der Nil spielte eine entscheidende Rolle beim Aufstieg des Alten Ägypten. Der fruchtbare Schwemmboden, den er mitbrachte, war ideal für den Anbau von Weizen, Gerste und Papyrus. Aus der Papyruspflanze stellte man Stoff, Seile und eine Art Papier her. Viele der ägyptischen Nahrungsmittel wurden und werden im Nildelta angebaut, und auch heute noch ist der Fluss ein wichtiger Handels- und Transportweg, nicht nur für Menschen in Ägypten, sondern für alle, die in den Ländern des Nilbeckens leben, wie Uganda.

Die Mendesantilope oder **ADDAX** ist perfekt an ein Leben in der Wüste angepasst, da sie nur sehr wenig Wasser zum Überleben braucht. Die Tiere sind etwa einen Meter groß und nachtaktiv.

In der Sahara findet man auch die **DAMAGAZELLE** mit ihrem auffällig dunkelroten Fell und weißem Bauch. Die Tiere leben einzeln oder in Gruppen, deren Größe sich mit der Jahreszeit ändert. Sie ernähren sich von Blättern und Kräutern.

ZENTRALSAHARA

Die Zentralsahara ist ein unglaublich trockenes Gebiet, in dem kaum Pflanzen wachsen. Zu den typischen Landschaftsformationen der Sahara gehören Felsplateaus und Erg genannte Sandmeere oder Dünenfelder. Wind und Regen formen Sanddünen, Trockentäler *(Wadi)*, trockene Seen *(Oued)*, Salzflächen und Kies- oder Geröllebenen *(Reg)*. Die Sahara bildet eine geografische Grenze zwischen Nordafrika und Subsahara-Afrika.

ATLASGEBIRGE

Das Atlasgebirge erstreckt sich durch Nordwestafrika. Die Gebirgszüge verlaufen parallel zur Mittelmeerküste und trennen somit das Mittelmeer von der Sahara.

Im Atlas findet man einige Pflanzen und Tiere, die es nur in Afrika gibt. Zu den auffälligsten Tieren gehören die Berberaffen aus den Bergen Marokkos und Algeriens. Bei ihnen kümmern sich auch die Männchen um die Jungen.

MITTELMEERKÜSTE

Dort, wo Afrika ans Mittelmeer grenzt, grasten einst große Tierherden, aber sie starben aus, als die Sahara immer trockener wurde.

Die meisten Wildtiere der Mittelmeerregion findet man in den Wäldern. Der **BERBER-** oder **ATLASHIRSCH**, der hauptsächlich in Marokko, Algerien und Tunesien lebt, ist eine Unterart des Rothirschs und der einzige lebende Vertreter der Hirsche in Afrika. Er ist dunkelbraun mit weißen Flecken an Flanken und Rücken und bevorzugt dichte, feuchte Waldgebiete.

Auch **STREIFENHYÄNEN** leben an der Mittelmeerküste. Mit ihren langen Gesichtern und schlanken Körpern sehen sie ein bisschen aus wie große Hunde. Man findet sie in Savannen, Wäldern und Grasland. Früher war die Chance, eine Streifenhyäne zu sehen, in diesem Teil der Welt recht hoch, aber weil Menschen sie gejagt und ihren Lebensraum zerstört haben, sind die Streifenhyänen heute vom Aussterben bedroht.

SCHLÜSSELFIGUREN UND VORBILDER

MOHAMED SALAH (GEB. 1992)

Mohamed Salah ist ein ägyptischer Fußballspieler, der als Stürmer für den Premier-League-Club Liverpool und als Kapitän der ägyptischen Nationalmannschaft spielt. Mohamed (»Mo«) ist für seine Ballkunst auf dem Spielfeld und für seine Großzügigkeit und Bescheidenheit außerhalb der Fußballarena bekannt. In Ägypten wird er als Volksheld gefeiert, sein Bild ziert alles Mögliche von Bettwäsche bis zu Plakatwänden. Er gilt als einer der besten Fußballer der Welt.

NAWAL EL SAADAWI (1931–2021)

Nawal El Saadawi war eine ägyptische Schriftstellerin – Verfasserin von über 55 Büchern –, Ärztin, Menschenrechtsaktivistin und furchtlose, unermüdliche Kämpferin für Frauenrechte. Ihr ganzes Leben lang verteidigte sie die Rechte von Frauen gegen Einschränkungen durch Gesellschaft oder Religion.

NAGUIB MAHFOUZ (1911–2006)

Der ägyptische Schriftsteller gilt als einer der größten arabischen Romanschriftsteller des 20. Jahrhunderts. Naguibs Werk umfasst mehr als 30 Bücher. 1988 erhielt er als erster Araber den Literaturnobelpreis. Viele seiner Werke wurden als Fernsehdramen oder fürs Kino verfilmt. Seine Romane befassen sich mit dem Alltag von Menschen in Kairo.

AHMED H. ZEWAIL (1946–2016)

1999 erhielt Ahmed H. Zewail als erster Araber einen naturwissenschaftlichen Nobelpreis, den Nobelpreis für Chemie. Ausgezeichnet wurde die von ihm entwickelte revolutionäre Technik zur Untersuchung chemischer Reaktionen im Detail. Er wurde auch für seine Förderung von naturwissenschaftlicher Erziehung und Forschung in Ägyten und dem Nahen Osten geehrt.

HISHAM MATAR (GEB. 1970)

Hisham Matar ist ein preisgekrönter libysch-britischer Romanschriftsteller. 2017 erhielt er den Pulitzerpreis in der Kategorie Biografie für seine Memoiren, *Die Rückkehr*. Darin beschreibt Hisham die Rückkehr in seine Heimat Libyen 2012, wo er die Wahrheit über das Verschwinden seines Vaters, eines prominenten Politikers, herausfinden wollte.

HASSAN HAJJAJ (GEB. 1961)

Hassan Hajjaj ist ein marokkanischer Künstler, der für seine farbenfrohen Werke bekannt ist, die stark von Pop-Art, Hip-Hop, Mode und seinen nordafrikanischen Wurzeln beeinflusst sind. Hassan lässt seine Ideen oft mit Fotos, Filmen und bedruckten Stoffen lebendig werden.

SCHNAPPSCHÜSSE

MUSIKSTILE

Nordafrika ist die Heimat einer lebendigen, aufstrebenden Musikszene. Jedes Land hat seinen eigenen Stil. Algerien ist die Wiege einer rebellischen algerischen Popmusik, die *Rai* genannt wird und deren Wurzeln in der traditionellen Folklore liegen. Seit seinem Auftreten in den 1920ern wurde der *Rai* von verschiedenen Stilen beeinflusst, so vom Flamenco, vom französischen Chanson oder vom Jazz.

Gnawa ist eine andere Musikrichtung, die auf das 12. Jahrhundert zurückgeht. *Gnawa* wird unter anderem auf einer dreisaitigen Laute, der *Gimbri*, gespielt. Die *Gnawa*-Musik kam aus der Subsahararegion mit ehemaligen Sklaven nach Marokko und erhält die Traditionen und Volksmusik ihrer Vorfahren. Lange Zeit durften Frauen diese Musik nicht spielen, aber die Zeiten ändern sich, und junge Musikerinnen wie Asmaa Hamzaoui bringen Bewegung in die Szene. Asmaa war die erste Gimbrispielerin Marokkos.

In Mauretanien spielt *Rap* als Protestmusik zunehmend eine Rolle. Die Musikerinnen und Musiker greifen Probleme des täglichen Lebens wie Rassismus, Armut und Ungleichheit auf. In Marokko hingegen ist *Nayda* eine Jugendbewegung; junge Künstlerinnen und Musiker singen und sprechen von Freiheit und Protest im marokkanisch-arabischen Dialekt *Darija*.

LUST AUF EIN FESTIVAL?

Ob Desert Rock, Jazz, Funk oder Pop, Marokko hat sich zu einem der führenden Ziele für Musikfestivals entwickelt. Das Mawazine-Festival (*Mawazine* bedeutet »Rhythmen«) ist das zweitgrößte Festival der Welt. Jedes Jahr kommen circa 2,5 Millionen Menschen in die Haupstadt Rabat, um lokale und internationale Künstlerinnen und Künstler auf der Bühne zu sehen. Weitere marokkanische Musikfestivals sind Jazzablanca in Casablanca, das Gnaoua-Festival, Timitar und das Fes-Festival. Aufgetreten sind unter anderen Tinariwen, eine Gruppe von Tuaregs aus dem Norden von Mali, und Moh! Kouyaté aus Guinea.

EINE NEUE HAUPTSTADT

Ägypten bekommt bald eine neue Hauptstadt, die in der Wüste östlich der jetzigen Hauptstadt Kairo liegen wird. Einen Namen hat die bisher als »Neue Administrative Hauptstadt« bekannte Stadt noch nicht. Geplant ist, dass eines der neuen Hochhäuser das höchste Gebäude Afrikas wird. Die neue Hauptstadt soll den Verkehr in Kairo entlasten und die aktuelle Wohnungsnot beheben.

GRÜNES ALGERIEN

Algerien entwickelt sich zu einem führenden Produzenten grüner Energie, indem es in nachwachsende Rohstoffe und erneuerbare Energie investiert. Bis 2030 sollen 27 Prozent des Stroms aus erneuerbaren Quellen stammen – vor allem aus Solarkraftwerken. Die hohe Sonneneinstrahlung macht das Land zu einem der größten Märkte für Solarenergie auf dem afrikanischen Kontinent. 2014 wurde der erste Windpark des Landes errichtet, und es gibt Pläne für einen weiteren Ausbau der Windenergie.

DER ARABISCHE FRÜHLING

Ende 2010 begannen in Tunesien Proteste, die auf Ägypten, Libyen und andere Teile des Nahen Ostens übergriffen. Den Funken für die Aufstände, bekannt unter dem Namen »Arabischer Frühling«, legte der 26-jährige Tunesier Mohamed Bouazizi, der die staatliche Korruption und Polizeigewalt nicht mehr hinnehmen wollte. Die nachfolgenden Proteste führten zum Sturz von Tunesiens Langzeitpräsident Zine El Abidine Ben Ali. Der Führungswechsel weckte die Hoffnung auf eine offenere, demokratischere Gesellschaft.

OSTAFRIKA

Ostafrika ist eine Region voller Charakter, Kreativität und Widersprüche – von der faszinierenden Geschichte des ältesten unabhängigen afrikanischen Landes, Äthiopien, und dem innovativen Technologie-Zentrum Kenias, bekannt unter dem Namen *Silicon Savannah*, bis zum spektakulären Erfindungsreichtum von Ugandas Filmschaffenden.

Eritrea liegt in einer als »Horn von Afrika« bekannten Region, zu der auch die Länder Dschibuti, Äthiopien und Somalia gehören. Das Gebiet ragt hornförmig in den Indischen Ozean – daher der Name.

In **ERITREA** liegt die Danakil-Senke, mit bis zu 125 Metern unter dem Meeresspiegel einer der tiefsten und mit einer Durchschnittstemperatur von 35,6 Grad Celsius auch einer der heißesten Orte der Erde. Die Landschaft ist von Salzhügeln, ätzenden Tümpeln und stinkenden Schwefelquellen übersät.

Der Assal-See in **DSCHIBUTI** ist nach dem Gaet'ale in Äthiopien und dem Don-Juan-See in der Antarktis einer der salzigsten Seen der Welt. Zum Schwimmen eignet er sich nicht wirklich, denn aufgrund des hohen Salzgehaltes treibt man einfach oben. Das Salz ist aber ein wichtiges Handelsgut. Einwohner der Region schaufeln es vom Ufer und bringen es nach Äthiopien, wo sie es verkaufen oder gegen Kaffee oder Kohle eintauschen.

Im **SUDAN** gibt es mehr Pyramiden als in Ägypten – über 200! Sie wurden schon ab 2500 v. Chr. von einer alten nubischen Zivilisation gebaut.

Der Kalender in **ÄTHIOPIEN** liegt mehr als sieben Jahre hinter dem der übrigen Welt. Das liegt daran, dass in Äthiopien ein Jahr 13 Monate hat und das Geburtsjahr von Jesus Christus anders berechnet wurde.

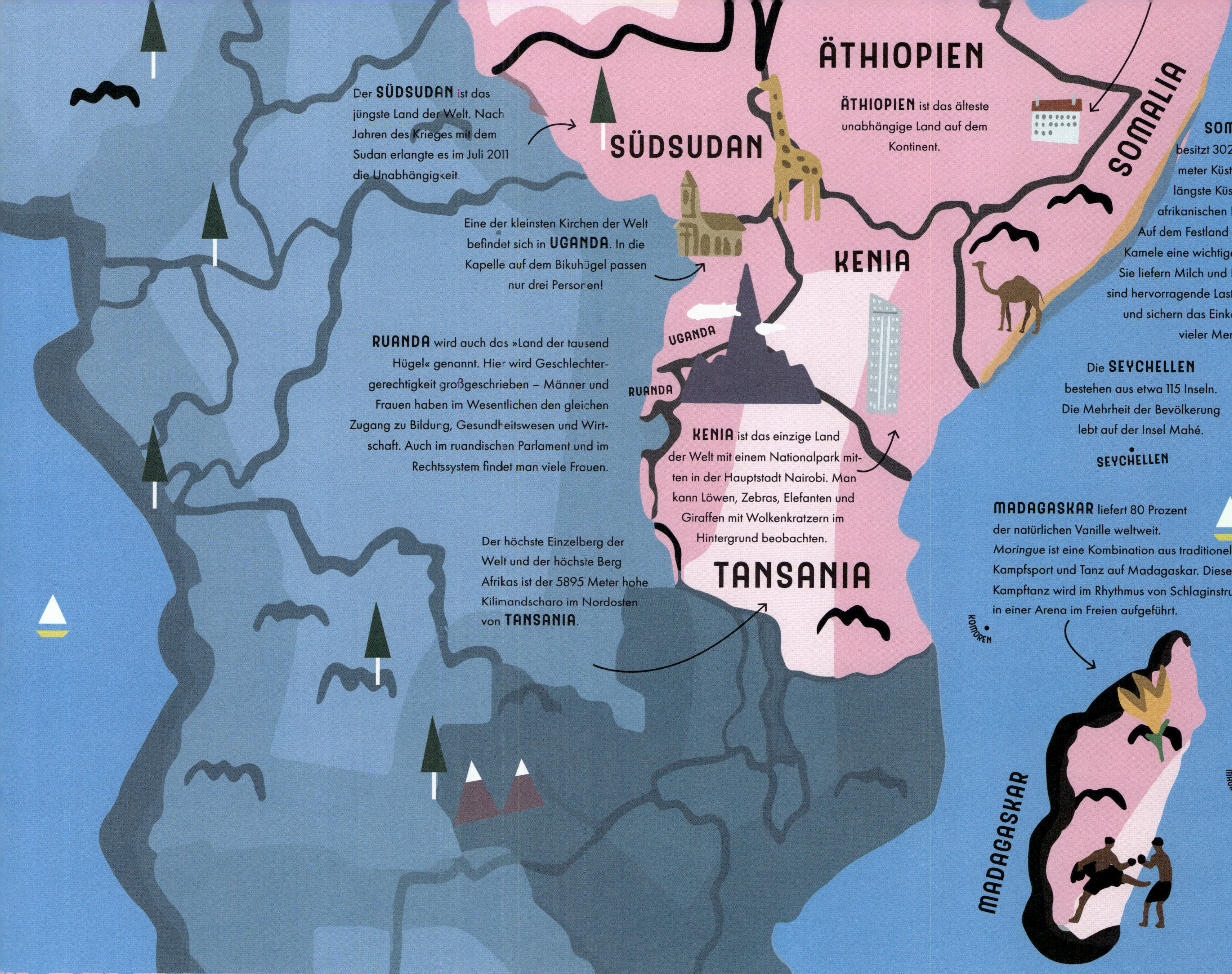

Der **SÜDSUDAN** ist das jüngste Land der Welt. Nach Jahren des Krieges mit dem Sudan erlangte es im Juli 2011 die Unabhängigkeit.

ÄTHIOPIEN ist das älteste unabhängige Land auf dem Kontinent.

SOMALIA besitzt 3025 Kilometer Küste – die längste Küste aller afrikanischen Länder. Auf dem Festland spielen Kamele eine wichtige Rolle. Sie liefern Milch und Fleisch, sind hervorragende Lastentiere und sichern das Einkommen vieler Menschen.

Eine der kleinsten Kirchen der Welt befindet sich in **UGANDA**. In die Kapelle auf dem Bikuhügel passen nur drei Personen!

RUANDA wird auch das »Land der tausend Hügel« genannt. Hier wird Geschlechtergerechtigkeit großgeschrieben – Männer und Frauen haben im Wesentlichen den gleichen Zugang zu Bildung, Gesundheitswesen und Wirtschaft. Auch im ruandischen Parlament und im Rechtssystem findet man viele Frauen.

KENIA ist das einzige Land der Welt mit einem Nationalpark mitten in der Hauptstadt Nairobi. Man kann Löwen, Zebras, Elefanten und Giraffen mit Wolkenkratzern im Hintergrund beobachten.

Die **SEYCHELLEN** bestehen aus etwa 115 Inseln. Die Mehrheit der Bevölkerung lebt auf der Insel Mahé.

Der höchste Einzelberg der Welt und der höchste Berg Afrikas ist der 5895 Meter hohe Kilimandscharo im Nordosten von **TANSANIA**.

MADAGASKAR liefert 80 Prozent der natürlichen Vanille weltweit. *Moringue* ist eine Kombination aus traditionellem Kampfsport und Tanz auf Madagaskar. Dieser Kampftanz wird im Rhythmus von Schlaginstrumenten in einer Arena im Freien aufgeführt.

TRADITION UND MODERNE

Schon vor 300 000 Jahren lebten Vertreter des modernen Menschen *(Homo sapiens)* in Ostafrika. Über die Jahrtausende gingen aus dieser Region beeindruckende Kulturen und Reiche hervor, wie zum Beispiel das Aksumitische Reich in Äthiopien (1.–10. Jahrhundert n. Chr.).
Mit mehreren großen Häfen entlang der ostafrikanischen Küste entwickelte sich die Gegend nach und nach zu einem wichtigen Handelsdrehkreuz. Noch heute spiegelt sich die faszinierende Geschichte Ostafrikas in den Traditionen, der Kultur und dem Kunsthandwerk seiner Bewohnerinnen und Bewohner wider.

um 1070 v. Chr. – 350 n. Chr.
DAS REICH VON KUSCH

Das Reich von Kusch lag im heutigen Sudan, südlich von Ägypten. Die Region hieß *Ta-Seti*, »Land des Bogens«, in Anspielung auf die hervorragenden Bogenschießkünste seiner nubischen Bewohner. Eine Fülle von Boden- und Naturschätzen wie Gold, Elfenbein und Eisen brachte dem Reich Wohlstand und Einfluss. Die Kuschiten regierten viele Jahrhunderte, eroberten im 8. Jahrhundert v. Chr. sogar Ägypten und regierten das Land fast hundert Jahre lang. Daraus ergaben sich Gemeinsamkeiten in Kultur, Wirtschaft und Religion.

um 1137–1974
KAISERREICH ABESSINIEN

Das Äthiopische Reich, auch Abessinien genannt, war eines der am Längsten währenden Reiche. Es lag im Gebiet des heutigen Äthiopien und Eritrea. Etwa 150 Jahre lang herrschten hier Könige aus der *Zagwe*-Dynastie. Zwischen dem späten 12. und dem frühen 13. Jahrhundert wurden in dieser Region faszinierende Kirchen aus dem Fels gehauen. Diese wurden zu alternativen Pilgerstätten für Christen, die nach der Islamisierung des Landes nicht mehr nach Jerusalem pilgern konnten. Die Kirchen zählen zu den ältesten christlichen Kultstätten. Ab 1270 löste die Salomonische Dynastie die *Zagwe* ab. Zu der Zeit herrschte das Reich praktisch über alle Menschen des heutigen Äthiopien. Auch Armeen fremder Staaten wurden abgewehrt, darunter die Araber und die Türken. Bis auf eine kurze Fremdherrschaft durch die Italiener von 1936 bis 1941 bewahrte das Reich seine Unabhängigkeit und wurde nie kolonialisiert. Die Salomonische Dynastie regierte bis 1974, als der letzte Kaiser, Haile Selassie, gestürzt wurde.

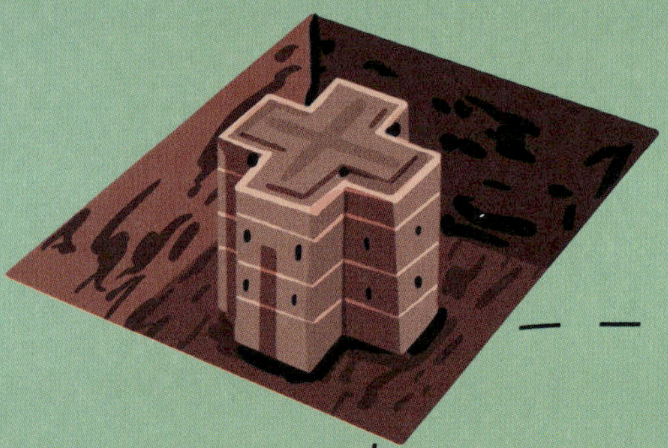

um 1400 – HEUTE
KÖNIGREICH BUGANDA

Mit seiner fast tausendjährigen Geschichte ist Buganda eines der ältesten Königreiche in Ostafrika. Es wurde gegründet, nachdem ein Heerführer namens Kato Kintu die Region erobert hatte und sein Herrschaftsgebiet ausweitete. Im 19. Jahrhundert war Buganda einer der mächtigsten Staaten Ostafrikas. Das lag auch daran, dass Buganda die Kontrolle über den Salzhandel von Bunyaro, einem weiteren Königreich im Gebiet der großen Seen, übernahm. 1966 wurde der König von Buganda vom damaligen ugandischen Premierminister Milton Obote vertrieben. 1993 wurde das Königreich wiederhergestellt. Buganda ist bis heute ein wichtiger Teil des modernen Uganda. Der König von Buganda hat allerdings keine politische Macht mehr.

VÖLKERMORD IN RUANDA

Zwischen April und Juli 1994 wurden in Ruanda fast eine Million Menschen ermordet. Die Ursache für diese dunkle Periode in der Geschichte des Landes liegt schon in der Kolonialzeit. Belgische Kolonialherren verbreiteten den Mythos, dass die *Tutsi* den *Hutu* überlegen seien, die allerdings die Mehrheit der Bevölkerung bildeten. Immer wieder kam es daraufhin zu Übergriffen von *Hutu* auf *Tutsi* – bis hin zum systematischen Völkermord im Jahr 1994.

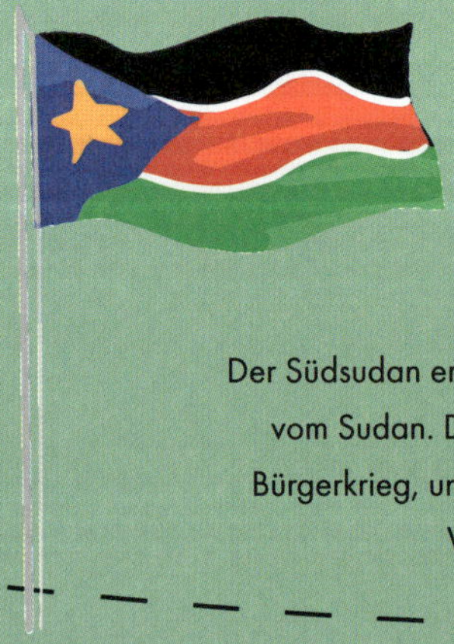

9. JULI 2011
EIN NEUES LAND

Der Südsudan erlangte Unabhängigkeit vom Sudan. Damit endete ein langer Bürgerkrieg, und das jüngste Land der Welt wurde geschaffen.

um 100 v. Chr.–700 n. Chr.
Aksumitisches Reich

Das Aksumitische Reich war am Horn von Afrika angesiedelt, dort, wo heute die Region Tigray in Nordäthiopien liegt. Das Herz des Königreichs war die Hafenstadt Adulis, ein blühender Handelsknotenpunkt. Händler aus Ägypten, Indien, China und dem Nahen Osten kamen, um Salz, Elfenbein, Smaragde und Tiere zu kaufen und Eisen, Glaswaren, Waffen und Wein zu verkaufen. Das Erbe dieses mächtigen alten Reichs kann man an den noch heute erhaltenen aksumitischen Monumenten, der Architektur und den eigens geprägten Münzen aus Gold und Bronze sehen. Aksum hatte auch seine eigene Schrift, *Ge'ez* genannt, die noch heute in Äthiopien in Gebrauch ist.

Im 4. Jahrhundert, als das **CHRISTENTUM** durch Händler und Reisende von Nord- nach Ostafrika verbreitet wurde, nahm Aksum als einer der ersten Subsaharastaaten diese Religion an. Mit der Ankunft arabischer Händler in den Küstengebieten Ostafrikas und auf der Insel Sansibar kam der **ISLAM** in die Region. Zwischen dem 8. und 10. Jahrhundert fasste er auch in anderen Teilen Ostafrikas Fuß.

um 800–1800
Kilwa Kisiwani

Die vor der Küste Tansanias gelegene Insel Kilwa Kisiwani, »Insel der Fische«, entwickelte sich zu einem wohlhabenden Handelshafen. Mit ihrem Zugang zu wichtigen Handelsrouten konnte man von hier aus Gewürze und Schildpatt exportieren. Händler aus Indien, China und anderen Teilen Afrikas brachten ebenfalls ihre Waren in den Hafen. Bis heute erinnern beeindruckende Bauwerke an die große Zeit der Insel. Am bemerkenswertesten ist wohl die Große Moschee, eine der ältesten erhaltenen Moscheen an der Küste Ostafrikas.

1952–1960
Der Mau-Mau-Aufstand

Ende des 19. Jahrhunderts standen weite Teile Afrikas unter Kolonialherrschaft. In Kenia begannen Angehörige der *Kikuyu*, die Land an weiße Siedler verloren hatten, einen bewaffneten Kampf gegen Ungleichheit und Ungerechtigkeit. Die Kämpfer waren als *Mau-Mau* bekannt. Wenngleich der Aufstand schließlich niedergeschlagen wurde, half die Rebellion doch bei den Unabhängigkeitsbestrebungen Kenias. 1963 wurde das Land unabhängig. Weitere Staaten in der Region erkämpften sich ebenfalls ihre Unabhängigkeit.

1968
Eine bedeutende Entdeckung

1968 entdeckte Peter Nzube in der Olduvai-Schlucht in Tansania den Schädel eines 1,8 Millionen Jahre alten *Homo habilis* (»geschickter Mensch«). Dieser und weitere Funde in der Schlucht belegen, dass die ersten Menschen in Afrika entstanden sind. Das Gebiet ist bis heute eine der wichtigsten Fossilienfundstätten der Welt.

März 2007
Revolution im Zahlungsverkehr

In Kenia wurde ein Überweisungssystem namens *M-Pesa* eingeführt. Es ermöglichte den Geldtransfer mit einem einfachen Mobiltelefon. Das System breitete sich schnell auf andere Länder aus und wurde zu einem wesentlichen Faktor in der afrikanischen Wirtschaft, indem es half, Rechnungen zu bezahlen, Gehälter zu empfangen und Versicherungen abzuschließen. *M-Pesas* Erfolg zeigt, wie vielversprechend Afrikas schnell wachsende Finanztechnologiefirmen sind.

Oktober 2004
Ein historischer Gewinn

Die kenianische Biologin und Umweltaktivistin Wangari Maathai erhielt für ihren Einsatz für Menschenrechte und Umweltschutz als erste afrikanische Frau den Friedensnobelpreis.

MENSCHEN UND KULTUREN OSTAFRIKAS

Ostafrika ist von einer lebendigen Mischung aus Menschen, Kulturen und Sprachen geprägt. Wenngleich die ostafrikanischen Länder viele Gemeinsamkeiten aufweisen, so gibt es doch auch zahlreiche Unterschiede. Gemeinsam ist ihnen die Sprache *Suaheli*, die in weiten Teilen der Region gesprochen wird, darunter in Tansania, Kenia und Uganda, ebenso wie von manchen Gruppen in Somalia und Ruanda. Eine weitere Gemeinsamkeit ist der Glaube – mit dem Islam und dem Christentum als vorherrschenden Religionen. Am Horn von Afrika, im Osten Kenias und in Tansania ist der Islam verbreitet, in den anderen Gebieten das Christentum. Wie vielerorts in Afrika werden neben Islam und Christentum auch alte religiöse Bräuche gepflegt.

DIE GRÖSSTEN: DIE DINKA

Im Südsudan stellen die *Dinka* die Bevölkerungsmehrheit. Sie sind für ihre überragende Körpergröße bekannt. Eine Größe von über 1,80 Metern ist für Männer nicht ungewöhnlich. Es ist unklar, warum die *Dinka* so groß werden, aber diese körperliche Eigenschaft kann durchaus von Vorteil sein. So spielte der 2,29 Meter große Manute Bol aus dem Südsudan ab 1985 für verschiedene Vereine der National Basketball Association (NBA) in den USA. Er war der zweitgrößte Spieler in der Geschichte der NBA und überragte viele Teamgenossen und Gegner deutlich.

DIE SCHNELLSTEN: DIE KALENDSCHIN

Kenianer gelten als rekordbrechende Langstreckenläufer, und die meisten entstammen einer einzigen Volksgruppe, den *Kalendschin*. Bei Olympischen Spielen und Weltmeisterschaften kommt man an den kenianischen Läuferinnen und Läufern nicht vorbei, die immer wieder die Medaillen im 5000-Meter-, 10 000-Meter- und Marathonlauf gewinnen. Bis 2019 hatten *Kalendschin*-Athleten die meisten aller kenianischen Goldmedaillen gewonnen. Die Wissenschaft ist sich uneinig, wie diese Leistungen zustande kommen, und führen sie auf die große Höhe, in der die Athletinnen und Athleten trainieren, auf ihre Gene und auch auf die Ernährung zurück.

DIE ROBUSTESTEN: DIE AFAR

Stell dir vor, du lebst an einem Ort mit sengender Hitze, Dürren und Vulkanen. Seit Jahrhunderten leben die *Afar* aus Dschibuti in so einer lebensfeindlichen Umwelt nördlich des Großen Grabenbruchs, wo sie Kamele und Ziegen hüten und Salz abbauen. Die *Afar* sind ein grenzübergreifendes Volk, das man auch in Äthiopien und Eritrea findet. Die Männer sind für ihre charakteristischen Frisuren bekannt: dicke Afros oder lange Locken. Ihr Haar schützen sie oft mit Butter vor der Sonne. Die traditionelle Kleidung der Männer ist eine Baumwolltoga mit einem Krummdolch am Gürtel. Dieser kann auch im Kampf eingesetzt werden.

DIE NATURVERBUNDENEN: DIE MASSAI

In Kenia und Nordtansania lebt eine ethnische Gruppe in Verbundenheit mit der Natur. Seit Jahrhunderten wohnen die *Massai* in direkter Nachbarschaft mit Löwen, Leoparden, Elefanten und Gnus. Das Leben der *Massai* kreist um ihr Vieh. Sie legen auf der Suche nach Weidegründen mit ihren Herden weite Strecken zurück. Die *Massai* sind für ihre charakteristische Kleidung bekannt. Dazu gehört ein Umhang *(Shouka)*, der auch als Decke dient. Bekannt ist auch der *Adamu* genannte Sprungtanz der *Massai*. Die Männer messen sich darin – wer die höchsten Sprünge ausführen kann, hat die besten Chancen bei den Frauen.

NATUR UND LANDSCHAFTEN

Ostafrika ist die Heimat einer besonderen Tierwelt, und hier gibt es einige der atemberaubendsten Landschaften Afrikas zu sehen – von den schneebedeckten Gipfeln des Kilimandscharo bis zu den weiten Grasebenen der Serengeti. Faszinierende Tiere leben in Ostafrika: der Berggorilla, der in Ruanda und Uganda zu Hause ist, oder der seltene Schwarze Leopard (Schwarzer Panther), der zuletzt 2019 in Kenia gesichtet wurde.

DIE SERENGETI

Der über 14 000 Quadratkilometer große Serengeti-Nationalpark ist eines der größten Naturschutzgebiete der Welt. Er erstreckt sich von Nordtansania bis in den Südwesten Kenias. Mit seinen Wäldern, Sümpfen, bewaldeten Flussufern und weiten Grasebenen bietet er einer großen Zahl von Geparden, Elefanten, Gnus, Löwen, Zebras und Giraffen eine Heimat. Die Serengeti ist Schauplatz einer riesigen Tierwanderung. Über 1,5 Millionen Gnus, 300 000 Gazellen und 200 000 Zebras ziehen auf der Suche nach Nahrung und Wasser durch die Savannen und Wälder aus Nordtansania ins Masai-Mara-Reservat in Kenia und wieder zurück. Dabei legen die Tiere jedes Mal über 800 Kilometer zurück.

DER GROSSE AFRIKANISCHE GRABEN

Über Tausende von Kilometern zieht sich ein tiefer Graben durch Ostafrika, der vor etwa 35 Millionen Jahren durch einen Riss in der Erdkruste hervorgerufen wurde. Der Graben hat zwei Arme, den östlichen und den westlichen. Im Graben erstreckt sich eine weite Ebene, aber auch die höchsten Berge und die tiefsten Seen Afrikas sind hier zu finden. Die einzigartige Tierwelt sieht man zum Beispiel am Nakuru-See, einem flachen See, der für seine zahlreichen Rosaflamingos bekannt ist. Oft sind die Vögel so zahlreich, dass der See rosa erscheint.

DAS HOCHLAND VON ÄTHIOPIEN

Die meisten hohen Berge Afrikas befinden sich im Hochland von Äthiopien. Sie erstrecken sich bis nach Eritrea, wo sie »Hochland von Eritrea« genannt werden. Hier leben Tiere wie der Dschelada (Blutbrustpavian) und der vom Aussterben bedrohte Äthiopische Wolf, die es sonst nirgends auf der Welt gibt. Auch eine außergewöhnliche Vogelwelt kann man beobachten – zum Beispiel Arten wie den Schwarzkopfgirlitz, den Abessinischen Katzenvogel oder die Äthiopische Buschkrähe.

DIE ENTDECKUNG VON LUCY

Das untere Awash-Tal in Äthiopien spielt eine Schlüsselrolle in der Erforschung der Menschheitsgeschichte. Hier hat man zahlreiche Fossilien gefunden, die teilweise Jahrmillionen zurückreichen. 1974 machte eine Gruppe von Forschenden eine der berühmtesten Entdeckungen in der Region. Sie fanden etwa 3,2 Millionen Jahre alte Knochen eines Vorfahren des Menschen, der aufrecht auf zwei Beinen ging. Das *Lucy* genannte Skelett ist einer der ältesten Belege für die Menschheitsentwicklung.

DIE REGENBOGENDÜNEN VON MAURITIUS

Kannst du dir Dünen vorstellen, die nicht sandfarben sind, sondern in vielen Farben leuchten: gelb, grün, rot, purpurn, blau und violett? Dieses Naturwunder, die »Siebenfarbige Erde«, findet man in Chamarel auf Mauritius. Die Farben entstehen als Verwitterungsstufen vulkanischen Gesteins.

SCHLÜSSELFIGUREN UND VORBILDER

WANGARI MAATHAI (1940–2011)

1977 rief Wangari Maathai das Aufforstungsprojekt *Green Belt Movement* (Deutsch: Grüngürtelbewegung) ins Leben, mit dessen Hilfe über 50 Millionen Bäume gepflanzt wurden. Als Umwelt- und Menschenrechtsaktivistin leistete sie in vielerlei Hinsicht Pionierarbeit. Sie war die erste Professorin in Kenia und die erste afrikanische Frau, die einen Friedensnobelpreis erhielt – 2004 für ihren Einsatz für nachhaltige Entwicklung, Frieden und Demokratie.

WINNIE BYANYIMA (GEB. 1959)

Winnie Byanyima war in ihrem Leben schon für vieles Wegbereiterin. Sie war Ugandas erste Ingenieurin für Luft- und Raumfahrt, später ging sie in die Politik und wurde ins ugandische Parlament gewählt. Als Verfechterin von Frauenrechten hat Winnie in vielen Organisationen gearbeitet, unter anderem leitete sie die Hilfsorganisation Oxfam International und UNAIDS, das gemeinsame Programm der Vereinten Nationen gegen HIV/Aids.

HAILE SELASSIE (1892–1975)

Als letzter Kaiser Äthiopiens regierte Haile Selassie das Land von 1930 bis 1974. Seine Herrschertitel waren »König der Könige«, »Löwe von Juda«, »Auserwählter Gottes« und »Verteidiger des Glaubens«.

Während seiner langen Regierungszeit galt der Kaiser als Verfechter der afrikanischen Einheit und als Modernisierer. 1963 hatte er den Vorsitz beim ersten Treffen der Organisation für Afrikanische Einheit. Von Mitgliedern der *Rastafari*-Gemeinschaft Jamaikas wurde er sogar als Gott verehrt. Seine Herrschaft war jedoch nicht unumstritten, manche Kritiker bemängelten sein Festhalten an der Macht. Die Erinnerung an ihn lebt weiter in Liedern wie solchen des jamaikanischen Musikers Bob Marley und des äthiopischen Sängers Teddy Afro.

HAILE GEBRSELASSIE (GEB. 1973)

Haile Gebrselassie wuchs auf einer abgelegenen Farm auf und musste täglich etwa 10 Kilometer zur Schule und wieder zurück laufen. Später brach er als einer der schnellsten Langstreckenläufer der Welt Rekorde und gewann viele Medaillen. Dabei rannte Haile immer mit angewinkeltem linkem Arm, als hielte er damit wie in seiner Kindheit die Schulbücher fest.

IMAN ABDULMAJID (GEB. 1955)

Iman wurde als Zara Mohamed Abdulmajid in Somalias Hauptstadt Mogadischu geboren. Als ein Fotograf sie auf der Straße ansprach und fragte, ob er sie fotografieren dürfe, zögerte sie zuerst, stimmte dann aber zu. Dieses Foto war der Anfang einer langen, erfolgreichen Modelkarriere. Iman trat auf den berühmtesten Laufstegen der Welt auf und erschien auf dem Titelblatt bekannter Zeitschriften. Seit 1994 betreibt sie eine eigene Kosmetiklinie, die auf Schwarze Frauen spezialisiert ist.

ABDULRAZAK GURNAH (GEB. 1948)

2021 erhielt der tansanisch-britische Schriftsteller Abdulrazak Gurnah für seine Werke über die Auswirkungen des Kolonialismus und das Schicksal von Geflüchteten den Literaturnobelpreis – die höchste literarische Auszeichnung der Welt. Abdulrazak hat insgesamt zehn Romane und zahlreiche Kurzgeschichten verfasst. Im Mittelpunkt seines Werks stehen Migration, Flucht und Vertreibung.

SCHNAPPSCHÜSSE

WIRTSCHAFTSWACHSTUM

Drei der am schnellsten wachsenden Volkswirtschaften Afrikas finden sich in Ostafrika: Äthiopien, Tansania und Ruanda. Das starke Wirtschaftswachstum beruht darauf, dass diese Länder so vielseitig aufgestellt sind. So spielen unter anderem auch Angeltourismus, Finanzdienstleistungen und Handwerk eine Rolle.

LICHT! KAMERA! ACTION!

Vor den Toren der ugandischen Hauptstadt Kampala liegt Wakaliga, wo sich eine blühende, innovative Filmindustrie entwickelt. Im 2005 vom Filmemacher Isaac Nabwana gegründeten *Wakaliwood* wurden inzwischen über 40 Filme gedreht – mit winzigem Budget und unter Verwendung ganz alltäglicher Gegenstände wie Toilettenpapier, Kleber, Bratpfannen und Rohren zur Erzeugung von Spezialeffekten. Einer der bekanntesten Filme ist *Who Killed Captain Alex?* (*Wer tötete Kapitän Alex?*, 2010), Ugandas erster Actionfilm, der mit einem Budget von weniger als 200 Euro gedreht wurde.

SILICON SAVANNAH

Die nächste große weltverändernde technische Erfindung könnte aus dem *Silicon Savannah* kommen. Kenias Hauptstadt Nairobi beherbergt viele Technologie-Start-ups, die an der Lösung alltäglicher Probleme durch Technik arbeiten. Der Name *Silicon Savannah* ist eine Anspielung auf das amerikanische Technologiezentrum *Silicon Valley*.

STADT DER ZUKUNFT

Um dem Ruf Kenias als Land der Technologie und Innovation gerecht zu werden, baut die kenianische Regierung *Konza Technopolis*. Hier sollen auf 2000 Hektar Fläche vor allem IT-Unternehmen und eine neue Universität angesiedelt werden. Der Bau erfolgt mit grüneren Baumaterialien, und Nachhaltigkeit spielt eine große Rolle. Man hofft, dass die Stadt auch Tausende Arbeitsplätze schaffen wird.

MOBIL

Afrika ist weltweit führend hinsichtlich der Nutzung von »Mobilgeld«. In Ländern wie Tansania und Kenia ist es gang und gäbe, mit dem Mobiltelefon zu zahlen oder Geld zu überweisen. Man braucht dafür nicht einmal ein Bankkonto oder ein teures Smartphone, es geht mit einem einfachen Handy. In Afrika gibt es heute 100 Millionen aktive Mobilgeldkonten – viel mehr als in irgendeinem anderen Land.

KAFFEEZEIT

Wusstest du, dass Äthiopien die Heimat des Kaffees ist? Im 17. Jahrhundert begann Äthiopien, Kaffee zu exportieren, und baute den Wirtschaftszweig im 19. Jahrhundert aus. Heute ist Äthiopien der größte Kaffeeproduzent Afrikas und exportiert jährlich Millionen Päckchen Kaffee.

ZENTRALAFRIKA

Die Länder der Region Zentralafrika haben jedes für sich einen einzigartigen Charakter, weisen aber auch viele Gemeinsamkeiten auf. Die Region umfasst ein gewaltiges Gebiet um den Äquator herum – im Kongo kann man die feuchte Wärme eines tropischen Regenwalds erleben, weiter nördlich, im Tschad, die trockene Hitze der Sahara. Es gibt hoch aufragende Gebirge, dichten grünen Dschungel und moderne geschäftige Städte.

Afrika hat die jüngste Bevölkerung der Welt. Fast 60 Prozent der hier lebenden Menschen sind unter 25.

Die *Bamum*-Schrift wurde 1896 vom damaligen jungen König des Bamum-Reichs, Sultan Ibrahim Njoya, eingeführt. Anfangs handelte es sich um eine Bilderschrift mit Piktogrammen für einzelne Wörter. Diese wurde weiterentwickelt zu einer Lautschrift mit Schriftzeichen für Silben. Wenngleich die Schrift heute kaum noch verwendet wird, gibt es Bestrebungen, dieses einzigartige Schriftsystem zu erhalten.

Das Land ist nach dem Tschad-See benannt, der ganz im Westen liegt. Das arabische Wort *tšad* bedeutet

In **KAMERUN** spricht man über 270 Sprachen und Dialekte.

ÄQUATORIAL-GUINEA verdankt seinen Namen der Lage am Äquator und am Golf von Guinea.

Die Zwillingsinseln **SÃO TOMÉ UND PRÍNCIPE** waren einst die weltgrößten Produzenten von Kakao, was ihnen den Spitznamen »Schokoladeninseln« eintrug. Heute sind Elfenbeinküste und Ghana zwei der wichtigsten Kakaoländer.

Fast 90 Prozent von **GABUN** sind von Wald bedeckt. Hier lebt über der Hälfte aller Afrikanischen Waldelefanten, die kleiner sind als die Elefanten der Savanne. Sie besitzen nach unten weisende gerade Stoßzähne und rundliche Ohren.

Die **REPUBLIK KONGO** wird oft Kongo-Brazzaville genannt. Das hilft bei der Unterscheidung von seinem östlichen Nachbarn, der Demokratischen Republik Kongo (DR Kongo). Die Republik Kongo ist nach dem Kongoreich benannt, das im Gebiet der heutigen Demokratischen Republik Kongo und Angolas beheimatet war.

Die **ZENTRALAFRIKANISCHE REPUBLIK** ist die Heimat von fast 600 Schmetterlingsarten in allen Formen, Größen und Farben! Hier findet man auch den orange-braun und schwarz gemusterten Afrikanischen Riesenschwalbenschwanz *(Papilio antimachus)*. Mit bis zu 25 Zentimetern Flügelspannweite ist er einer der größten Schmetterlinge der Welt.

In den 1990er-Jahren entdeckte man in Katanda, einer Region im Nordosten des Landes, die Katanda-Harpune. Der Fund belegte, dass das Gebiet der heutigen **DEMOKRATISCHEN REPUBLIK KONGO** schon vor 90 000 Jahren besiedelt war.

In **BURUNDI** gelten Rinder als Symbol des Glücks und des Wohlstands. Das spiegelt sich in der Kirundi-Begrüßung »Amashyo« wider, was übersetzt bedeutet: »Mögest du viele Rinderherden haben«. Die Antwort darauf ist »Amashongore«, das heißt: »Mögest du viele Herden weiblicher Kühe haben«. *Kirundi* ist eine der Amtssprachen von Burundi.

EROBERUNGEN UND WANDERUNGEN

Zentralafrikanische Jäger und Sammler gehören zu den ältesten Vorfahren des modernen Menschen. Ihre Wurzeln gehen bis zu 250 000 Jahre zurück. Später wurde das Gebiet von Bantu-Gruppen besiedelt, die aus Westafrika nach Süden zogen.

VOR CIRCA 3000 JAHREN
DIE BANTU-WANDERUNG

Vor über 3000 Jahren begann eine große Völkerwanderung in Afrika. Bantu sprechende Gruppen verließen ihre angestammte Heimat im Westen Zentralafrikas und wanderten in die östlichen und südlichen Regionen Afrikas. Um 500 v. Chr. hatten einige Gruppen den zentralafrikanischen Regenwald erreicht und die dort ansässige Bevölkerung vertrieben oder waren mit ihr verschmolzen.

UM 1500–1966
KÖNIGREICH BURUNDI

Das Königreich Burundi wurde im 16. Jahrhundert gegründet. Es wurde von Königen regiert, die als *Mwami* bezeichnet wurden, was so viel wie »Herrscher« heißt. Unter dem König regierten mehrere Prinzen, die für kleinere Gebiete zuständig waren. 1890 wurde Burundi deutsche Kolonie. Das Land erreichte seine Unabhängigkeit im Jahr 1962, das Königreich bestand weiter bis 1966.

1884 trafen sich die europäischen Kolonialmächte in Berlin, um **ZENTRALAFRIKA** und den Rest des Kontinents unter sich aufzuteilen. Darauf folgte eine Zeit der Kolonialherrschaft, die tiefgreifende gesellschaftliche, wirtschaftliche und politische Auswirkungen auf die Region hatte. Später folgten Unabhängigkeitskämpfe. Das Jahr 1960 ist bedeutsam, da Kamerun, die Demokratische Republik Kongo, Gabun, Tschad, die Zentralafrikanische Republik und die Republik Kongo wieder ihre Unabhängigkeit errangen.

UM 1600–1900
KÖNIGREICH LUNDA

Das Lunda-Reich war von Beginn des 17. bis Ende des 19. Jahrhunderts die herrschende politische und militärische Macht in einem Gebiet, das sich zwischen der heutigen Demokratischen Republik Kongo, dem heutigen Angola und Sambia erstreckte. Der Reichtum des Landes kam aus der Landwirtschaft, der Fischerei und der Eisenverhüttung.

1974
»RUMBLE IN THE JUNGLE«

Am 30. Oktober 1974 war die Stadt Kinshasa in Zaire (heute Demokratische Republik Kongo) Gastgeberin für eines der größten Sportereignisse aller Zeiten. Vor einem Publikum von 60 000 Menschen vor Ort und einer geschätzten Milliarde weltweit vor dem Fernseher gewann die amerikanische Boxlegende Muhammad Ali gegen seinen Rivalen George Foreman. Das Ereignis war insofern von Bedeutung, da es nicht nur den Blick auf Kinshasa und den afrikanischen Kontinent richtete, sondern auch auf Muhammad Ali als Held des Sports und der Gleichberechtigung.

1971–1997
NAMENSWECHSEL

1971 benannte der damalige Präsident der Demokratischen Republik Kongo, Joseph Mobutu, das Land in Republik Zaire um und nannte sich selbst Mobutu Sese Seko Koko Ngbendu Wa Za Banga. Der Fluss Kongo hieß fortan Zaire. Mobutu wollte das Image seines Landes verändern, es »afrikanisieren« – indem er traditionelle afrikanische Namen wählte. Unter der Führung von Laurent Kabila wurde Zaire 1997 wieder in Demokratische Republik Kongo umbenannt.

um 900
ROTES GOLD

Kupfer spielte eine große Rolle in der Wirtschaft Zentralafrikas. Es wurde als Währung benutzt und war zeitweilig wertvoller als Gold! Archäologische Ausgrabungen legen nahe, dass schon im 10. Jahrhundert in Zentralafrika Kupfer verhüttet wurde: im Süden von Kongo-Brazzaville hat man Spuren von Kupferbergbau und -verhüttung gefunden, die mindestens tausend Jahre alt sind.

um 1390–1800
KÖNIGREICH KONGO

In jener Zeit war das Königreich Kongo eines der größten Länder in Afrika südlich der Sahara. Es umfasste weite Teile des heutigen Angola, der Demokratischen Republik Kongo und der Republik Kongo. Das Reich war für sein Kunsthandwerk bekannt, das von feinen Elfenbeinschnitzereien bis zu bunt gewebten Textilien reichte.

um 1400–1800
KÖNIGREICH LUBA

An der Spitze des Staates stand der *Mulopwe* – ein, wie man glaubte, von Gott eingesetzter König, dessen Macht von regionalen Fürsten durchgesetzt wurde. Das Volk der *Luba* war berühmt für seine kunstvollen Skulpturen und Holzschnitzereien. Sie hielten ihre Geschichte mithilfe eines *Lukasa* genannten Erinnerungsbretts fest. Die Platzierung sowie Form und Farbe der Perlen sollten den *Mbudye*, den »Hütern der Erinnerung«, helfen, das waren die Historiker der *Luba*. Das Königreich lag im Südosten des heutigen Kongo.

um 1600–1910
KÖNIGREICH KUBA

Das Königreich der *Kuba*, genauer die Kuba-Föderation (im Süden der DR Kongo), war ein im frühen 17. Jahrhundert begründeter Verbund mehrerer Völker, darunter die *Ngeende*, *Kel*, *Bulaang*, *Ngoombe* und die *Bushoong*. Unter der Führung von Shamba Bolongongo erlebte das Reich eine Blütezeit – vor allem durch den Handel mit Gütern wie Elfenbein und durch Steigerung der Landwirtschaftsproduktion. Der König förderte das Kunsthandwerk und die Musik, und vor allem die Webwaren und Holzschnitzereien waren berühmt.

1965–HEUTE
AFRIKASPIELE

Im Juli 1965 wurden in Brazzaville im Kongo die ersten Afrikaspiele abgehalten. Etwa 2500 Athletinnen und Athleten nahmen teil. Bis heute gelten die Spiele als die wichtigsten Wettkämpfe für afrikanische Sportler. Sie umfassen die unterschiedlichsten Disziplinen von Leichtathletik bis Ringen.

MENSCHEN UND KULTUREN ZENTRALAFRIKAS

Die Region weist nicht nur eine unglaubliche Vielfalt an Völkern, Kulturen und Sprachen auf, sie zeigt auch eine beeindruckende Fülle an Bräuchen und mündlich überlieferten Mythen. Schnitzereien, Statuen und Masken markieren besondere Ereignisse und Menschen. Sie sind Teil der reichhaltigen Kultur und Kunst Zentralafrikas. Wie in vielen Teilen Afrikas prägt eine Mischung aus Tradition und Moderne das Leben.

DIE BA'AKA

Im Kongobecken leben mehrere ethnische Gruppen. Sie stellen die größte Gruppe dar, die heute noch vom Jagen und Sammeln lebt. Die *Ba'Aka* sind eine dieser Gruppen. Ihre Vertrautheit mit den Gerüchen und Geräuschen des Waldes macht sie zu hervorragenden Fährtensuchern. Heute spielen sie eine wichtige Rolle beim Aufspüren und Überwachen bedrohter Tiere wie des Westlichen Flachlandgorillas. Manche *Ba'Aka* feilen ihre Zähne spitz. In einigen Gruppen ist dies ein Ritual beim Übergang von der Pubertät zum Erwachsenenalter, für andere sind die spitzen Zähne ein Schönheitsideal.

LA SAPE

Brazzaville ist die Heimat einer Modebewegung mit dem Namen *La Société des Ambianceurs et des Personnes Élégantes*, was so viel heißt wie »Gesellschaft unterhaltsamer und eleganter Personen«. Mitglieder dieser Gruppe sind als *Sapeurs*, weiblich *Sapeuses*, bekannt und achten sehr auf ihr Äußeres. Sie tragen Hemden, Schlipse, Schuhe und Anzüge in leuchtenden Farben und auffälligen Mustern. Die Ideen für ihre Kleiderwahl gehen zurück auf die Dandys der 1920er-Jahre, einer Gruppe französischer Kolonialisten, die besonderen Wert auf ihr Äußeres legten. Allerdings bringen die SAPE-Mitglieder ihren eigenen afrikanischen Stil mit ein und sind sehr kreativ.

DIE BAMILEKE

Die Gruppe der *Bamileke* lebt im Grasland Kameruns, einer Bergregion im Westen des Landes, die aus zahlreichen kleinen Fürstentümern besteht. Die Gruppe zieht viel umher und ist daher überall im Land zu finden. Die *Bamileke* sind für ihre Kunst bekannt, die von ihnen hauptsächlich für den König, den *Fon*, angefertigt wurde. Der Perlenschmuck, die Schnitzereien und andere Stücke sollen den *Fon* repräsentieren.

Die **BAMILEKE** betreiben vorwiegend Landwirtschaft. Sie bauen Grundnahrungsmittel wie Mais und Erdnüsse an und halten auch Tiere. Sie glauben, dass Frauen das Land fruchtbarer machen, daher sind sie es, die die Feldfrüchte anbauen und ernten.

DIE WODAABE

Wodaabe bedeutet »Menschen des Tabus«. Sie sind eine Gruppe nomadischer Viehhirten, die seit Jahrhunderten durch die Sahelzone wandern. Sie leben ein einfaches Leben und ernähren sich von Milch, Hirse und Joghurt sowie etwas Ziegen- oder Schaffleisch. Wodaabe-Männer unterziehen sich einer siebentägigen Brautwerbungszeremonie, *Gerewol* genannt. Dafür putzen sich die Männer heraus und zeigen sich den Frauen, die sich dann ihre Männer aussuchen. Um besonders attraktiv zu erscheinen, bemalen die Männer ihre Gesichter mit Farben aus Lehm, Stein und Knochen. Die Lippen schminken sie schwarz, damit die weißen Zähne besser zur Geltung kommen.

DIE FANG

Das Volk der *Fang* lebt in Kamerun, Äquatorialguinea und Gabun. Sie leben vorwiegend von der Jagd, betreiben aber auch Ackerbau. Die Gesellschaftsstruktur beruht auf dem Klan, einer Familiengruppe. Da die *Fang* viel umherziehen, nehmen sie die Gebeine bedeutender Klanmitglieder in besonderen Behältern mit, die mit hölzernen Skulpturen verziert werden. Die Skulpturen heißen *Bieri* und sollen die Geister der Verstorbenen im jeweiligen Reliquienbehälter verkörpern.

MUSIK

Kinshasa, die Hauptstadt der Demokratischen Republik Kongo, gilt als Herz der afrikanischen Musik. Kongolesische Musik ist weit über die Grenzen des Landes bekannt und wird auf Tanzflächen in aller Welt gespielt. Die kongolesischen Künstlerinnen und Künstler haben sich vom amerikanischen Jazz und der kubanischen Musik inspirieren lassen und packende Stile wie die *Rumba Lingala* oder *Soukous* geschaffen.

KÜCHE

Grundnahrungsmittel der zentralafrikanischen Küche sind Maniok, Kochbananen und Yams. Sie werden meist als Beilage zu Eintöpfen, z. B. aus Spinat oder Erdnüssen, gegessen. Kochbananen kann man roh essen, aber meist werden sie gekocht, gebraten oder als Brei serviert. Yams ist ein Wurzelgemüse mit einer zähen braunen Schale. Das Innere der Wurzel kann je nach Sorte unterschiedlich gefärbt sein. Maniok ist ebenfalls ein Wurzelgemüse, das man wie Kartoffeln verarbeiten kann. Wenn man Yams und Maniok fein mahlt und mit Wasser mischt, kann man daraus einen *Fufu* genannten dicken Teig bereiten, der mit Suppe, Eintopf oder Fleisch serviert wird. Wenngleich Fisch oder Fleischsorten wie Rind, Hühnchen oder Ziege vielfach verwendet werden, essen die Menschen auch Wild wie Warzenschwein, Antilope, Krokodil oder Affe.

NATUR UND LANDSCHAFTEN

Regenwald! Savannenhochländer! Dschungel! All das hat Zentralafrika zu bieten. Im Norden des Tschad kann man die flirrende Wüstenhitze der Sahara erleben und sich in derselben Region durch das schattige Lianendickicht und die hoch aufragenden Stämme des Kongo-Regenwaldes einen Weg suchen. Zentralafrika gehört zu den grünsten Gebieten des Kontinents und ist Heimat vieler Tierarten. Von den Westlichen Flachlandgorillas, Waldelefanten, Waldbüffeln und Leoparden bis zu Riesenwaldschweinen und Flusspferden – hier ist eine unglaubliche Vielfalt großer und kleiner Lebewesen beheimatet.

DER MÄCHTIGE KONGO

Der majestätische Kongo fließt 4700 Kilometer durch sieben Länder im Westen Zentralafrikas. Er ist der zweitlängste Fluss Afrikas. Mit Tiefen von bis zu 220 Metern ist er auch der tiefste Fluss der Welt und für die etwa 75 Millionen Menschen, die im Kongobecken leben, ein wichtiger Nahrungs- und Wasserlieferant sowie Transportweg.

DAS KONGOBECKEN

Das Kongobecken ist ein Labyrinth aus Wäldern, Flüssen, Sümpfen und Savannen und erstreckt sich über sechs Länder. Es ist die Heimat von Waldelefanten, Waldbüffeln, Berggorillas und Bonobos sowie einer Vielzahl tropischer Pflanzen, etwa tausend Vogelarten und Hunderter Fischarten. Hier befindet sich der zweitgrößte Regenwald der Erde, der Kongo-Regenwald. Das Kongobecken gilt als einer der wichtigsten Naturräume, die es auf der Welt gibt.

DIE HOCHLÄNDER VON KAMERUN

Entlang der Westgrenze von Kamerun erstreckt sich ein Gebirge, in dem sich auch der Mongo Ma Ndemi, der »Berg der Größe«, befindet. Der auch Kamerunberg oder *Fako* genannte Gipfel ist mit knapp 4100 Metern der höchste Berg in Zentral- und Westafrika und einer der aktivsten Vulkane Afrikas. In den umliegenden Urwäldern lebt eine Fülle von Tieren und Pflanzen, darunter viele seltene Arten.

DAS OKAPI

Das Okapi wird oft auch Waldgiraffe genannt, da die Giraffen ihre einzigen lebenden Verwandten sind. Mit seinem braunen Fell mit weißen Streifen am Hinterteil sieht das Okapi aus wie eine Kreuzung aus Zebra und Hirsch. Sein dickes, beschichtetes Fell hält es im Regen trocken. Die Heimat der Okapis ist der dichte Ituri-Regenwald der Demokratischen Republik Kongo. Ähnlich wie die Giraffe ist das Okapi ein Wiederkäuer und kann auch zähe Blätternahrung verdauen.

DER WALD-ELEFANT

Waldelefanten leben in den Regenwäldern Zentralafrikas. Sie sind kleiner als die Steppenelefanten und leben in Gruppen von bis zu 20 Tieren. Sie ernähren sich von Blättern, Gräsern, Samen, Früchten und Baumrinde. Bei den Unmengen an Früchten, die sie verspeisen, spielen sie eine wichtige Rolle bei der Samenverbreitung über ihren Kot und werden daher auch manchmal als »Gärtner des Waldes« bezeichnet.

DER BERGGORILLA

Einer der größten Primaten der Welt ist der Berggorilla, den man in den Bergen im Osten Zentralafrikas findet. Die mächtigen Menschenaffen können bis zu 200 Kilogramm schwer werden. Ihr dickes Fell schützt sie vor der Kälte hoch oben in den Bergen. Die Berggorillas waren aufgrund von Wilderei lange Zeit vom Aussterben bedroht. Intensive Schutzmaßnahmen haben jedoch bewirkt, dass die Population langsam wieder wächst.

SCHLÜSSELFIGUREN UND VORBILDER

DIE TROMMLER VON BURUNDI

Die königlichen Trommler von Burundi zählen zu den besten Perkussion-Ensembles der Welt. Die Aufführungen der seit dem 16. Jahrhundert bekannten Gruppe waren ursprünglich Teil von Zeremonien wie Geburten, Beerdigungen und Krönungen von Königen. Heute spielen die Trommler bei Staatsereignissen, Festivals und Konzerten. Technik und Tradition des Trommelspiels werden vom Vater an den Sohn weitergegeben. Die Trommeln werden aus einem einheimischen Baum namens *D'umuvugangoma* gebaut, das bedeutet: »der Baum, der die Trommeln sprechen lässt«. Die Trommler müssen die Samen der Bäume aussäen, um die Trommeltradition auch für nachfolgende Generationen zu sichern.

PAPA WEMBA (1949–2016)

Papa Wemba war ein kongolesischer Musiker, dessen eingängige Melodien ihm den Titel »König der kongolesischen Rumba« einbrachten. Er galt als Megastar der kongolesischen *Soukous*- und *Rumba*musik und machte die kongolesische Musik in der ganzen Welt bekannt.

VÉNUSTE NIYONGABO (GEB. 1973)

Vénuste Niyongabo verblüffte die Welt, als er gleich bei der ersten Olympiateilnahme von Burundi 1996 die Goldmedaille im 5000-Meter-Lauf der Männer gewann. Es war erst das dritte Mal, dass er diese Distanz bei einem internationalen Wettbewerb lief. Bis heute ist er der erste und einzige Olympiagoldgewinner Burundis.

ALDA DO ESPÍRITO SANTO (1926–2010)

Alda do Espírito Santo lebte in São Tomé und Príncipe, wo man Portugiesisch spricht. Sie war die erste afrikanische Schriftstellerin, die ihr Werk auf Portugiesisch herausgab. Außerdem war sie eine Schlüsselfigur im Kampf für die Unabhängigkeit des Inselstaates. Alda hat den Text für die Nationalhymne von São Tomé und Príncipe verfasst und war zwischen 1980 und 1991 Ministerin, Mitglied im Parlament und Präsidentin der Nationalversammlung.

PIERRE-EMERICK AUBAMEYANG (GEB. 1989)

Pierre-Emerick Aubameyang war bis Mai 2022 Kapitän der Fußball-Nationalmannschaft von Gabun. Er hat für verschiedene europäische Fußballclubs wie AC Mailand und Borussia Dortmund gespielt und kickt nun für den FC Chelsea. 2015 wurde er als afrikanischer Fußballer des Jahres ausgezeichnet.

MAHAMAT-SALEH HAROUN (GEB. 1961)

Mahamat-Saleh Haroun ist ein Filmregisseur aus dem Tschad. Er gilt als einer der besten Filmemacher Afrikas, und seine Filme *Bye Bye Afrika*, *Abouna – Der Vater* und *Ein Mann, der schreit* haben ihm zahlreiche Preise eingebracht. Die meisten seiner Filme spielen im Tschad.

SCHNAPPSCHÜSSE

KAMERUNS BOOMENDE MUSIKSZENE

Kamerun wird oft als »Afrika im Kleinen« beschrieben. Das liegt an seiner geografischen und kulturellen Vielfalt. Das Land beheimatet Hunderte Sprachgruppen. Die Vielfalt zeigt sich auch in der Musik des Landes. Kamerun hat berühmte Musiker wie den Sänger und Saxophonisten Manu Dibango und den Multiinstrumentalisten Richard Bona hervorgebracht. In der Musikszene finden sich viele talentierte Musiker wie z. B. Locko, der Traditionelles und Modernes zu einem einzigartigen neuen Stil mischt.

KINSHASAS ROBOCOPS

Solltest du dich im Gewimmel der Hauptstadt der Demokratischen Republik Kongo wiederfinden, könntest du auf Tamuke, Mwaluke und Kisanga treffen – drei mechanische Verkehrspolizisten! Die etwa 2,50 Meter hohen und 250 Kilogramm schweren Roboter helfen, den dichten Verkehr der Stadt zu regeln. Sie sind aus Aluminium hergestellt und funktionieren solarbetrieben. Die Roboter wurden von der kongolesischen Ingenieurin und Erfinderin Thérèse Izay Kirongozi entwickelt.

GABUNS EMISSIONSMISSION

2021 erhielt Gabun als erstes afrikanisches Land Zahlungen für das Absenken der CO_2-Emissionen – erreicht wurde dies durch den Schutz der Regenwälder. Die Regenwälder des Landes spielen eine wichtige Rolle bei der Speicherung des klimaschädlichen Gases. Gabun schaffte es, die Abholzung des Regenwaldes zu reduzieren und auf diese Weise 2016 und 2017 seinen CO_2-Ausstoß im Vergleich zum Jahrzehnt zuvor deutlich zu senken.

SÜSSE SYMPHONIE

Das kongolesische *Orchestre Symphonique Kimbanguiste* (OSK) ist das einzige Symphonieorchester Afrikas. Es ist bekannt, weil es fast ausschließlich aus Amateurmusikerinnen und -musikern besteht, die sich selbst beigebracht haben, ihre Instrumente zu spielen. In den Anfängen des Orchesters teilten sich zwölf Geiger fünf Instrumente, und jeder musste nach 20 Minuten Üben die Geige an die nächste Spielerin oder den nächsten Spieler weiterreichen. Manche der Instrumente sind selbst gebaut, andere aus zweiter Hand. Mittlerweile ist das Orchester, nicht zuletzt aufgrund von Auslandsauftritten, weltberühmt.

DR KONGO – DER AUFSTIEG EINER RELIGION

In Afrika gibt es mehr Christen als auf jedem anderen Kontinent. Man schätzt, dass bis 2060 sechs der Länder mit dem höchsten Anteil an Christen in Afrika liegen werden. In der Demokratischen Republik Kongo (DR Kongo) nehmen über 70 Prozent der Menschen jede Woche an einem Gottesdienst teil, und 90 Prozent von ihnen gehören zu einer christlichen Gemeinschaft.

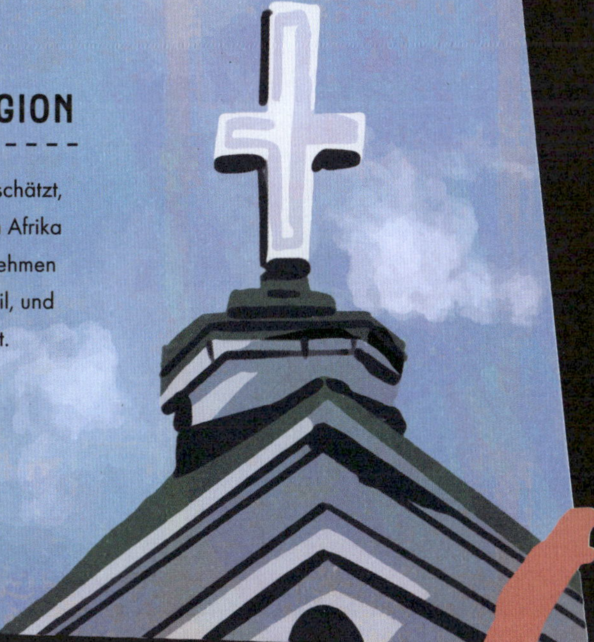

WESTAFRIKA

Westafrika ist eine Region voller Innovation, Dynamik und Kreativität. Früher gab es hier mächtige Königreiche. Heute tragen Erfinder, Ingenieurinnen, Naturwissenschaftler, Künstlerinnen und Erneuerer dazu bei, die Zukunft des Kontinents zu gestalten.

KAP VERDE ist ein Inselstaat aus zehn großen und fünf kleineren Inseln. Seit dem 19. Jahrhundert waren viele kapverdische Bürger aufgrund von Dürre und Hungersnot gezwungen, ihr Land zu verlassen und andernorts Arbeit zu suchen. Heute leben mehr Kapverdierinnen und Kapverdier im Ausland als in Kap Verde selbst.

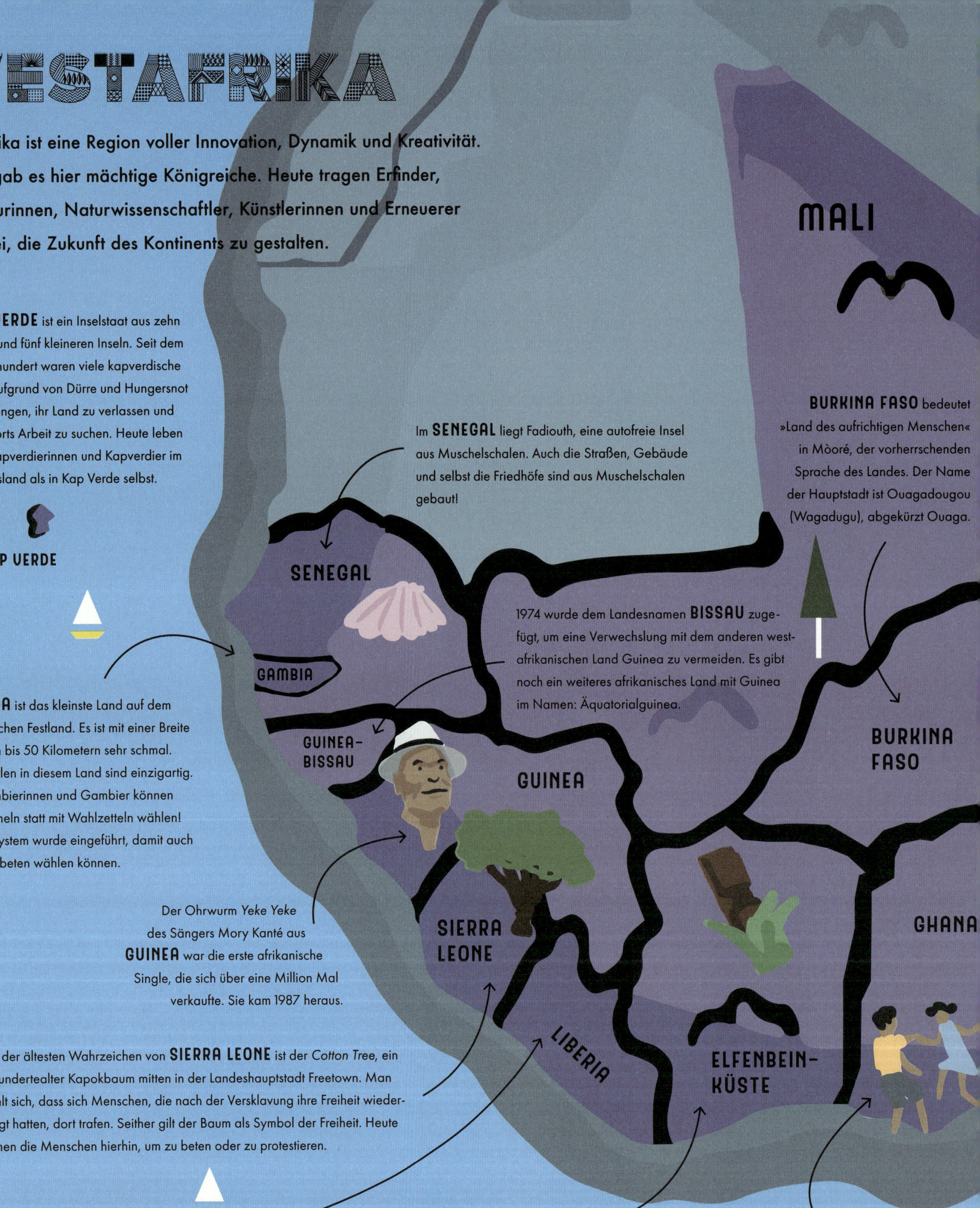

Im **SENEGAL** liegt Fadiouth, eine autofreie Insel aus Muschelschalen. Auch die Straßen, Gebäude und selbst die Friedhöfe sind aus Muschelschalen gebaut!

BURKINA FASO bedeutet »Land des aufrichtigen Menschen« in Mòoré, der vorherrschenden Sprache des Landes. Der Name der Hauptstadt ist Ouagadougou (Wagadugu), abgekürzt Ouaga.

1974 wurde dem Landesnamen **BISSAU** zugefügt, um eine Verwechslung mit dem anderen westafrikanischen Land Guinea zu vermeiden. Es gibt noch ein weiteres afrikanisches Land mit Guinea im Namen: Äquatorialguinea.

GAMBIA ist das kleinste Land auf dem afrikanischen Festland. Es ist mit einer Breite von zehn bis 50 Kilometern sehr schmal. Die Wahlen in diesem Land sind einzigartig. Die Gambierinnen und Gambier können mit Murmeln statt mit Wahlzetteln wählen! Dieses System wurde eingeführt, damit auch Analphabeten wählen können.

Der Ohrwurm *Yeke Yeke* des Sängers Mory Kanté aus **GUINEA** war die erste afrikanische Single, die sich über eine Million Mal verkaufte. Sie kam 1987 heraus.

Eines der ältesten Wahrzeichen von **SIERRA LEONE** ist der *Cotton Tree*, ein jahrhundertealter Kapokbaum mitten in der Landeshauptstadt Freetown. Man erzählt sich, dass sich Menschen, die nach der Versklavung ihre Freiheit wiedererlangt hatten, dort trafen. Seither gilt der Baum als Symbol der Freiheit. Heute kommen die Menschen hierhin, um zu beten oder zu protestieren.

LIBERIA bedeutet »Land der Freien«. Der Name geht auf die befreiten Sklaven zurück, die sich nach ihrer Rückkehr aus Amerika hier ansiedelten.

Die **ELFENBEINKÜSTE** (Republik Côte d'Ivoire) ist der größte Kakaoproduzent der Welt. Wahrscheinlich kommt der Kakao für deine Lieblingsschokolade von hier.

Bei den Volksgruppen *Akan, Ga, Ewe* und *Nzema* aus **GHANA** werden Kinder nach dem Tag benannt, an dem sie geboren sind. So wird ein Junge, der an einem Sonntag geboren ist, Akwesi, ein Mädchen Akousa genannt. Diese Namen werden oft mit anderen afrikanischen, religiösen oder westlichen Namen kombiniert, sodass die Kinder in der Regel zwei Vornamen haben.

1907 wurde das größte Lehmziegelgebäude der Welt gebaut. Die Große Moschee von Djenné liegt im Süden von **MALI**. Sie ist fast 20 Meter hoch und wurde auf einer 91 Meter langen Plattform erbaut. Jedes Jahr im April versammeln sich die Einwohner der Stadt Djenné an einem *Crépissage* (»Verputzen«) genannten Festtag an den Mauern der Moschee, um diese gemeinsam zu restaurieren.

Nach dem **NIGER** ist ein Dinosaurier benannt. Der *Nigersaurus* war ein neun Meter langer pflanzenfressender Dinosaurier, der vor etwa 110 Millionen Jahren dort lebte, wo sich heute die nigerianische Sahara-Wüste befindet.

In **BENIN** werden Schlangen verehrt. Es gilt als Zeichen des Glücks, wenn eine Schlange deinen Weg kreuzt. In der Stadt Ouidah gibt es sogar einen »Python-Tempel«, der über 50 Schlangen beherbergt.

Nollywood ist der Name der blühenden Filmindustrie von **NIGERIA**. Hier werden pro Woche etwa 50 Filme produziert. Die Filmindustrie ist mit über einer Million Jobs einer der größten Arbeitgeber des Landes.

In **TOGO** findet man *Takienta* genannte Lehmhäuser. Die hügelige Region Koutammakou, wo sie gebaut werden, ist die Heimat des Volkes der *Batammariba*. Die von den Familien gemeinsam errichteten Turmhäuser bestehen aus etwa acht Räumen und sind meist zwei Stockwerke hoch.

MACHT UND WOHLSTAND

In Westafrika trifft man auf die Spuren großer Kulturen und Königreiche. Frühe Kulturen wie die der *Nok* ebenso wie die mächtigen Handelsreiche des Mittelalters und der Neuzeit – wie Mali, Songhai und Ghana – zeugen vom Reichtum in dieser Region. Das Erbe vieler dieser Kulturen und Reiche kann man heute in Kunst, Musik und Architektur entdecken.

um 500 v. Chr. – 200 n. Chr.
NOK

Eine der ältesten bekannten Kulturen Westafrikas, die *Nok* aus dem Gebiet des heutigen Nigeria, lebten hauptsächlich von Landwirtschaft und Metallverarbeitung. Bekannt sind ihre Terrakottafiguren, die zu den ältesten Skulpturen des Kontinents zählen. Die *Nok* waren auch geschickte Schmiede – man hat Verhüttungsöfen für die Produktion von Eisen gefunden sowie Werkzeuge und Waffen aus Eisen aus dem 4. Jahrhundert v. Chr.

um 1200–1800
KÖNIGREICH BENIN

Das Königreich Benin wurde von den Edo aus Südnigeria gegründet. Während der Herrschaftszeit von Oba Ewuare, auch bekannt als Ewuare der Große, wurde das Königreich Benin zwischen 1440 und 1473 zu einem der größten und bekanntesten Reiche Westafrikas. Unter seiner Herrschaft wurde die Infrastruktur des Landes durch Wegebau verbessert, was Handelsbeziehungen erleichterte. Er förderte das Kunsthandwerk und brachte dem Land Wohlstand. Im 19. Jahrhundert begann mit Machtkämpfen unter Mitgliedern der Königsfamilie der Niedergang des Reichs. 1897 wurde Benin von den Briten erobert, die die Hauptstadt niederbrannten und die als Benin-Bronzen bekannten Schätze plünderten. Ein Großteil dieser Raubkunst befindet sich noch heute im Britischen Museum in London, nur wenige Stücke wurden bisher zurückgegeben. Das Königreich wurde Britisch-Nigeria einverleibt, bis Nigeria 1960 unabhängig wurde.

um 1600–1900
KÖNIGREICH DAHOMEY

Die einzige reine Frauenarmee der Welt hat ihren Ursprung in Benin. Die gut trainierte Elitetruppe trug wesentlich zum militärischen Erfolg des Königs von Dahomey bei. Einige Tausend Frauen dienten in verschiedenen Regimentern, darunter Gewehr- und Bogenschützinnen und Kanonierinnen. Sie nannten sich selbst *N'Nonmiton*, was »unsere Mütter« heißt. Die beeindruckende Armee wurde schließlich von den Franzosen aufgelöst, als diese im Zuge der Kolonialisierung ihren Machtbereich ausweiteten.

BIAFRA-KRIEG

Von 1967 bis 1970 herrschte Bürgerkrieg in Nigeria. Der Konflikt brach zwischen der nigerianischen Regierung und dem Volk der *Igbo* aus, die vorwiegend im Südosten des Landes leben. Die *Igbo* fühlten sich von der Regierung an den Rand der Gesellschaft gedrängt und wollten einen eigenen Staat gründen, den sie *Biafra* nannten. Im Vorfeld des Krieges waren schon 50 000 *Igbo* ermordet worden. Weitere drei Millionen starben während des Krieges. Zeitweise verhungerten durch die nigerianische Hungerblockade bis zu 12 000 Menschen täglich.

6. MÄRZ 1957
EIN GROSSER TAG FÜR GHANA

Dieses Datum markiert einen bedeutenden Tag in Ghana. Es erlangte als erstes Subsaharaland seine Unabhängigkeit! Daher wurde Kwame Nkrumah, der erste Präsident des unabhängigen Ghana, zu einem internationalen Symbol der Freiheit. Später sollten weitere Länder im Kampf um die Unabhängigkeit folgen.

um 500–1500
KÖNIGREICH IFE

Die *Yoruba* sind eine westafrikanische Volksgruppe, die in Nigeria, Benin und Togo leben. Bei den *Yoruba* erzählt man sich folgende Geschichte: Das Königreich Ife nahm mit Olodumare, dem höchsten Wesen, seinen Anfang. Dieser beauftragte seinen Sohn Oduduwoy, die Welt zu erschaffen. Oduduwa wurde der Gründer des ersten Königreichs Ife. Noch heute zeugen Kunstwerke aus Messing, Kupfer, Bronze, Elfenbein, Keramik und Holz von großartiger Handwerkskunst.

um 1235–1600
KÖNIGREICH MALI

Der Aufstieg des Malireichs begann 1235 unter der Herrschaft von Sundiata Keita, dem »Löwenkönig«. Sundiata gehörte zu den Malinke, einer Volksgruppe aus Südmali. Zu jener Zeit war das Königreich der Malinke, Kangaba, Teil des Königreichs Ghana. Sundiata einte beide Volksgruppen und siegte über Ghanas König Sumanguru. Danach eroberte er weitere Gebiete und baute das Königreich Mali auf. Sundiata gab seinem Land eine Verfassung: die *Kouroukan Fouga*. Sie legte Regeln für das Zusammenleben der Menschen fest. Ihr Kern waren Menschenrechte, Frieden, Bildung sowie die Abschaffung der Sklaverei. Die Charta wurde nicht niedergeschrieben, sondern mündlich von einer Generation zur nächsten weitergegeben.

um 1700–1900
ASCHANTIREICH

Im 17. Jahrhundert lebten im heutigen Ghana mehrere kleine Gruppen aus der Volksgruppe der *Akan*. Die Gruppen lebten unabhängig voneinander, bis sie im frühen 18. Jahrhundert König Osei Tutu zum Aschantireich vereinte. Da es Osei Tutu gelang, allen Bewohnern ein gemeinsames Nationalgefühl zu vermitteln, und er die unterschiedlichen Traditionen der einzelnen Gruppen respektierte und aufnahm, konnte er ein gewaltiges wohlhabendes Reich schaffen. Die *Aschanti* handelten mit Gold und Stoffen und verkauften Menschen in die Versklavung. Ihr Reichtum erlaubte es ihnen, Waffen aus Europa zu kaufen. Im 19. Jahrhundert führten die *Aschanti* mehrere Kriege gegen die Briten, doch eine Reihe von Niederlagen schwächte das Reich. Noch heute genießen die *Asantehene*, die Könige der *Aschanti*, großes Ansehen, aber ihre Rolle besteht nur noch in der Erhaltung der Aschantikultur.

ANDERE REICHE

Zwischen dem 10. und dem 18. Jahrhundert gehörte Niger zu verschiedenen westafrikanischen Reichen, darunter zum Reich von Kanem-Bornu, zum Malireich und zum Songhaireich. Der Senegal gehörte unter anderem im 8. Jahrhundert zum Königreich Ghana, im 19. Jahrhundert zum Tukulor-Reich und vom 12. bis 14. Jahrhundert zum Reich Jolof.

MENSCHEN UND KULTUREN WESTAFRIKAS

Westafrika hat eine große kulturelle Vielfalt zu bieten. Hier spricht man über 500 Sprachen. In den Ländern dieser Region findet man Ähnlichkeiten – z. B. in der Art, wie sich die Menschen kleiden, was sie essen und wie sie leben. Und doch hat jedes Land sein eigenes kulturelles Erbe, seine eigene Geschichte und seinen eigenen Charakter.

DAS VOLK DER HAUSA UND FULANI

Mit etwa 78 Millionen Menschen allein in Nigeria, aber auch im Tschad, in Ghana und der Elfenbeinküste sind die *Hausa* eine der größten ethnischen Gruppen Afrikas. In Nigeria leben die *Hausa* vor allem im Norden. Eine andere ethnische Gruppe sind die *Fulani*. Die beiden Gruppen haben sich im Laufe der Zeit so stark vermischt, dass man sie oft als eine Volksgruppe ansieht. Beide gehören dem Islam an. Seit Nigeria 1960 die Unabhängigkeit von den Briten errungen hat, spielen die *Hausa* und die *Fulani* eine bestimmende politische Rolle.

DAS VOLK DER DOGON

Das Volk der *Dogon* ist mit etwa einer halben Million Angehörigen eine der kleineren ethnischen Gruppen Afrikas. Die *Dogon* wohnen im Felsmassiv von Bandiagara in Mali. Man nimmt an, dass die Gruppe vom 12. bis 13. Jahrhundert am Westufer des Nigers lebte. Um 1490 flohen sie vor den Muslimen und später vor den Franzosen in die Berge bei Timbuktu. Die *Dogon* sind für ihre herausragenden Kenntnisse in der Astronomie bekannt, aber auch für ihr Kunsthandwerk, vor allem die Masken. Ahnenverehrung spielt eine wichtige Rolle. Konflikte werden in einer öffentlichen Versammlung beigelegt, ein Leben in Harmonie ist ein wichtiges Lebensziel.

RELIGION

Die bestimmenden Religionen Westafrikas sind der Islam und das Christentum. Aber in vielen Gemeinschaften spielen auch traditionelle Glaubenspraktiken – oft neben denen der Hauptreligion – eine Rolle. So beten manche Menschen in der Moschee um Regen und führen zusätzlich einen Regentanz auf.

JOLLOF-REIS

Jollof ist ein Gericht aus Reis, das in einer schmackhaften Sauce aus Tomaten, Zwiebeln und aromatischen Gewürzen gekocht wird. Wenn man fragt, wer in Westafrika das beste *Jollof* macht, behaupten Menschen aus Gambia, Sierra Leone, Nigeria, Ghana und dem Senegal alle, ihres sei das beste. Die Ursprünge des Gerichts lassen sich bis ins 14. Jahrhundert zum alten Wolof-Reich zurückverfolgen, das auch Jolof-Reich genannt wurde und im Gebiet des heutigen Gambia, Mauretanien und Senegal lag. Als sich das Reich ausbreitete, brachten die Menschen das *Jollof* mit. Heute hat jeder Ort eine eigene Variante des Gerichts.

PALMWEIN

Egal ob Hochzeit, Trauerfeier oder Familientreffen – oft kommt in Westafrika Palmwein auf den Tisch. Das beliebte alkoholische Getränk wird aus verschiedenen Palmenarten gewonnen. Dazu steigt ein mit Seilen um die Taille gesicherter Weinzapfer in die Spitze der bis zu 15 Meter hohen Bäume. Oben angekommen kappt er die männlichen Blütenstände und bringt an der offenen Stelle ein Röhrchen an, über das der Saft langsam in einen *Kalebasse* genannten Topf fließt. Sobald der Saft aus dem Baum fließt, beginnt er zu gären, und so entsteht Alkohol.

TEXTILIEN

Kentestoffe aus Ghana, Schlammtuch aus Mali, Khasawollstoffe der *Fulani*, Adiretuch aus dem Südwesten Nigerias, handgewebte *Akwete*textilien aus Südostnigeria, bedruckte Baumwollstoffe aus Guinea und viel mehr – diese kurze Aufzählung zeigt, warum Westafrika als Herz der afrikanischen Textilherstellung bezeichnet wird. Die Art und Weise, wie und wann die Stoffe getragen werden, unterscheidet sich von Land zu Land, aber allen gemeinsam ist die Kunstfertigkeit, mit der sie hergestellt werden. Die besonderen und farbenfrohen Stoffe machen Feste wie z. B. Hochzeiten in Westafrika zu einer Modenschau lokaler Textilien und Stile.

Männer und Frauen stellen das als *Bogolan* bekannte **MALISCHE SCHLAMMTUCH** gemeinsam her. Traditionell spinnen die Frauen zunächst das Garn, anschließend weben die Männer Baumwollstreifen auf schmalen Webrahmen. Dann färben die Frauen den Stoff dann mit Schlamm und Saft, der bis zu einem Jahr lang in Tontöpfen vergoren wurde. *Bogolan* bedeutet in der malischen Sprache Bambara »Schlammtuch«.

NATUR UND LANDSCHAFTEN

Westafrika zeigt ein breites Spektrum an Landschaften, von den bewaldeten Hügeln Togos bis zu den Schwemmlandtälern von Ghana und Senegal. In der Region findet man Sümpfe, Wüsten, Gebirge und Dschungel – alle Heimat einer unglaublich vielfältigen Tier- und Pflanzenwelt.

MANGROVENREICHES WESTAFRIKA

Entlang der Küsten von Guinea, Gambia, Guinea-Bissau, Sierra Leone, Liberia und der Elfenbeinküste finden sich Mangroven-Küstenwälder. Diese Lebensräume sind wichtig als Kinderstube und Rückzugsgebiete für einheimische Tiere wie Krokodile, Schildkröten, Affen und Seekühe. Nigeria und Guinea-Bissau sind zwei der mangrovenreichsten Länder der Erde, und die westafrikanischen Mangrovenwälder machen 13 Prozent der Mangroven weltweit aus. Sie bieten nicht nur Tieren und Pflanzen einen Lebensraum, sondern sind auch für den Erhalt einer erfolgreichen Fischereiindustrie wichtig.

WESTAFRIKAS LÄNGSTER FLUSS

Der Niger ist über 4000 Kilometer lang. Er ist nach dem Nil und dem Kongo der drittlängste Fluss in Afrika. Seine Quelle liegt in den Bergen von Guinea, dann fließt der Niger durch Mali, Niger, Nigeria und Benin. Er versorgt mehr als 100 Millionen Menschen mit Wasser.

HIER KOMMT DER HARMATTAN!

Von November bis März bläst ein trockener Wind Sand und Staub von der Sahara bis zum Golf von Guinea durch Westafrika: der *Harmattan*. Die Staubwolken können die Sicht stark einschränken, es kann zu Flugausfällen kommen und Menschen mit Atemwegserkrankungen leiden in dieser Zeit besonders. Manchmal verdunkeln Sandstürme die Sonne sogar für mehrere Tage!

DAS ZWERGFLUSSPFERD

Mit etwas Glück kann man entlang der Flussläufe Westafrikas ein Zwergflusspferd sehen. Es ist kleiner als ein normales Flusspferd, kann aber doch fast zwei Meter lang und über 250 Kilogramm schwer werden. Zwergflusspferde verbringen den Tag im Wasser, um ihre Haut vor Austrocknung zu schützen. In der Nacht wandern sie auf der Suche nach Pflanzen und Früchten durch den Dschungel.

BEDROHTE ADDAX

Im Niger lebt die vom Aussterben bedrohte Addax- oder Mendesantilope. Es gibt heute nur noch weniger als hundert frei lebende Tiere. Die Addax ist an das Leben in der Wüste angepasst und braucht praktisch nicht zu trinken. Das Winterfell ist braun, das Sommerfell weiß – es reflektiert die Hitze und hält die Antilope kühl. Platte Hufe verhindern ein Einsinken im Sand.

RIESENSCHNECKE

In Ghana lebt eine der größten Landschnecken, die Echte Achatschnecke. Sie kann bis zu 30 Zentimeter lang werden! Die Schnecke ist zwittrig, das heißt, sie hat sowohl männliche als auch weibliche Geschlechtsorgane, und kann jährlich bis zu 12 000 Eier legen. Sie frisst alles – von Pflanzen über verfaulendes Fleisch bis zu Beton. Letzterem entzieht sie Kalk für ihr Gehäuse.

SCHILDKRÖTENNESTER

Kap Verde ist weltweit einer der wichtigsten Brutplätze für die Unechte Karettschildkröte. Hunderttausende dieser Schildkröten legen an den Stränden der Kapverdischen Inseln ihre Eier ab. Leider wurden und werden viele der Eiablagestrände touristisch erschlossen. Das ist ein Grund dafür, dass die Art vom Aussterben bedroht ist. Früher wurden sie unter anderem wegen ihres Fleisches und des Schildpatts intensiv bejagt.

SCHLÜSSELFIGUREN UND VORBILDER

ADENIKE OLADOSU

(GEB. 1994)

Adenike Oladosu ist eine junge nigerianische Klimaaktivistin, die mit ihrer Arbeit vor allem afrikanischen Frauen und Mädchen die Folgen des Klimawandels verdeutlichen will. Sie startete 2019 die nigerianische *Fridays for Future*-Bewegung, um auf die Dringlichkeit des Themas aufmerksam zu machen.

ANGÉLIQUE KIDJO (GEB. 1960)

Angélique Kidjo ist eine bekannte Musikerin aus Benin. Sie hat fünf Grammys gewonnen und bisher mehr als 13 Alben herausgebracht. In einem einzigartigen Klangerlebnis verbindet sie ihre starke Stimme mit westafrikanischen Musikelementen, amerikanischem R&B, Jazz und Funk.

YENNENGA (ETWA 12. JAHRHUNDERT)

Die furchtlose Kriegerin Prinzessin Yennenga ist eine legendäre Figur in der Geschichte Burkina Fasos. Den Erzählungen nach lebte sie irgendwann zwischen dem 11. und 15. Jahrhundert und bekämpfte die Feinde, die das Königreich ihres Vaters bedrohten. Sie gebar einen Sohn, Ouedraoga (»Hengst«), der das Mossi-Reich im Gebiet des heutigen Burkina Faso begründete. Heute findet man in Burkina Faso mehrere Statuen von Yennenga, und auch Straßen sind nach ihr benannt.

DIDIER YVES DROGBA TÉBILY (GEB. 1978)

Der in der Republik Elfenbeinküste geborene Didier Yves Drogba Tébily ist einer der beliebtesten afrikanischen Fußballer. Er war Kapitän der Nationalmannschaft der Elfenbeinküste und zweimal Afrikanischer Fußballer des Jahres. Bis 2015 spielte er für das englische Premier-League-Team Chelsea, 2018 beendete er seine Profikarriere. Abseits des Fußballfelds war Didier auch politisch aktiv.

CHIMAMANDA NGOZI ADICHIE (GEB. 1977)

Chimamanda Ngozi Adichie ist eine preisgekrönte Bestsellerautorin aus Nigeria. 2013 wurde ihr Roman *Die Hälfte der Sonne* verfilmt. Seither hat sie zahlreiche weitere Bücher veröffentlicht, und ihre Werke wurden in über 30 Sprachen übersetzt. Chimamanda hat viele Preise erhalten, darunter 2008 den Zukunftspreis Nigerias, 2019 den Kasseler Bürgerpreis »Das Glas der Vernunft« und 2020 den »Women's Prize for Fiction«. Zudem wurden ihr mehrere Ehrendoktortitel verliehen. Themen wie Feminismus und die Gleichberechtigung der Frau liegen ihr sehr am Herzen.

THOMAS SANKARA (1949–1987)

Der Revolutionsführer Thomas Isidore Noël Sankara wurde 1983 durch einen Staatsstreich Präsident von Obervolta. Er wollte Politik für die einfachen Menschen machen. Mit seiner Umbenennung des Landes in Burkina Faso (»Land des aufrichtigen Menschen«) sagte er der Korruption den Kampf an. Er selbst lebte bescheiden von einem relativ niedrigen Gehalt. Auch seine Regierungsmitglieder mussten während seiner Präsidentschaft z.B. auf Chauffeure und Flugtickets erster Klasse verzichten. Er maß Bildung einen hohen Stellenwert bei und verteilte Land an die Armen. Viele Menschen in Afrika sahen in ihm einen charismatischen Führer. 1987 wurde Thomas bei einem Militärputsch getötet.

SCHNAPPSCHÜSSE

NIGERIAS NEUES KAPITEL

Nigeria hat einige hoch geschätzte Schriftstellerinnen und Schriftsteller hervorgebracht, darunter Literaturlegenden wie Wole Soyinka und Chinua Achebe, den »Großvater der afrikanischen Literatur«. Sein Buch *Alles zerfällt* ist bis heute das meistgelesene Buch eines afrikanischen Autors. Eine neue Generation von Autorinnen und Autoren macht von sich reden und setzt Zeichen. Chimamanda Ngozi Adichie ist die wohl bekannteste Schriftstellerin dieser neuen Generation, aber es gibt noch viele andere unglaublich talentierte Autoren wie Ayọ̀bámi Adébáy *(Bleib bei mir)*, Helon Habila *(Öl auf Wasser)*, Chibundu Onuzo *(Die Tochter des Spinnenkönigs)* und Akwaeke Emezi *(Süßwasser)*.

FESPACO: AFRIKAS BERÜHMTESTES FILMFESTIVAL

Burkina Faso ist Gastgeberland für eines der größten Kulturereignisse Afrikas – das 1969 ins Leben gerufene berühmte *Fespaco*-Filmfestival in Ouagadougou. Es ist das größte Filmfest des Kontinents. Alle zwei Jahre strömen Cineasten und Produzenten für eine Woche in die Hauptstadt Burkina Fasos, um Dutzende neuer Filme zu sehen. Der Hauptpreis ist der »Goldene Hengst von Yennenga«. Bei dem Festival geht es zum einen darum, die besten Filme Afrikas zu sehen, zum anderen können diejenigen, die in der Filmindustrie arbeiten, wertvolle Beziehungen knüpfen.

INITIATIVE GROSSE GRÜNE MAUER

Die Große Grüne Mauer ist ein ehrgeiziges, sehr wichtiges Projekt. Über 8000 Kilometer sollen quer durch Afrika Bäume gepflanzt werden, über mehrere Länder vom Atlantik bis zum Indischen Ozean durch die Sahelzone. Wenn sie einmal vollständig ist, ist die Mauer das längste lebende Gebilde auf der Erde. Im Moment sind etwa 15 Prozent fertig. Bereits jetzt tragen die vielen Tausend Bäume dazu bei, zerstörte Landschaften wieder zum Leben zu erwecken. Das Projekt gilt als vielversprechende Maßnahme gegen Klimawandel, Dürre und Hunger.

MADE IN AFRICA

In ganz Afrika wächst eine neue Generation von Modedesignern heran. In Westafrika sind die Kreationen junger Designerinnen und Designer auf der Modewoche in Dakar (Senegal), in Accra (Ghana) und in Lagos (Nigeria) zu sehen – aber auch in den vielen unabhängigen Modeboutiquen. Designerinnen und Designer zeigen die einzigartigen Muster und Stoffe der unterschiedlichen Länder, verweben sie mit ihrer eigenen Geschichte und entwerfen innovative afrikanische Mode. Bekannt sind unter anderem die ivorische Designerin Loza Maléombho, der ghanaische Designer Atto Tetteh, die nigerianische ehemalige Rechtsanwältin und heutige Designerin Lisa Folawiyo und der beninische Designer Kassim Lassissi.

SÜDLICHES AFRIKA

Die Region Südliches Afrika umfasst in etwa das Gebiet südlich der Demokratischen Republik Kongo. Ihr werden die Länder Angola, Botswana, Eswatini (ehemals Swasiland), Lesotho, Malawi, Mosambik, Namibia, Simbabwe, Sambia und Südafrika zugerechnet.

ANGOLA gehört zu den Ländern mit dem jüngsten Durchschnittsalter der Bevölkerung. Es liegt bei 16 Jahren!

NAMIBIA ist die Heimat von Wüstenelefanten, die an die rauen Bedingungen der Wüste angepasst sind. Sie haben längere Beine und breitere Füße als die Steppenelefanten und können tagelang ohne Wasser auskommen. Außerhalb Namibias findet man sie nur noch in Mali. Sie sind aufgrund von Wilderei und dem Verlust ihres Lebensraumes vom Aussterben bedroht.

BOTSWANA ist einer der größten Diamantenlieferanten der Welt. Hier liegt die Jwaneng-Mine, die als eine der wertvollsten Diamantenminen der Welt gilt. Von hier kommen jährlich zwölf Millionen Karat Diamanten!

SÜDAFRIKA ist das einzige Land der Welt, in dem zwei Nobelpreisträger aus der gleichen Straße kommen: Desmond Tutu und Nelson Mandela haben beide in der Vilakazi Street in Soweto gelebt.

In **SÜDAFRIKA** gibt es elf Amtssprachen: Afrikaans, Englisch, isiXhosa, Süd-Ndebele, isiZulu, Setswana, Siswati, Sesotho, Nord-Sotho, Tshivenda und Xitsonga. Viele Südafrikanerinnen und Südafrikaner sprechen zwei oder drei dieser Sprachen, aber nur sehr wenige alle elf. Das liegt daran, dass viele dieser Sprachen zu verschiedenen ethnischen Gruppen gehören, die traditionell in unterschiedlichen Teilen des Landes leben.

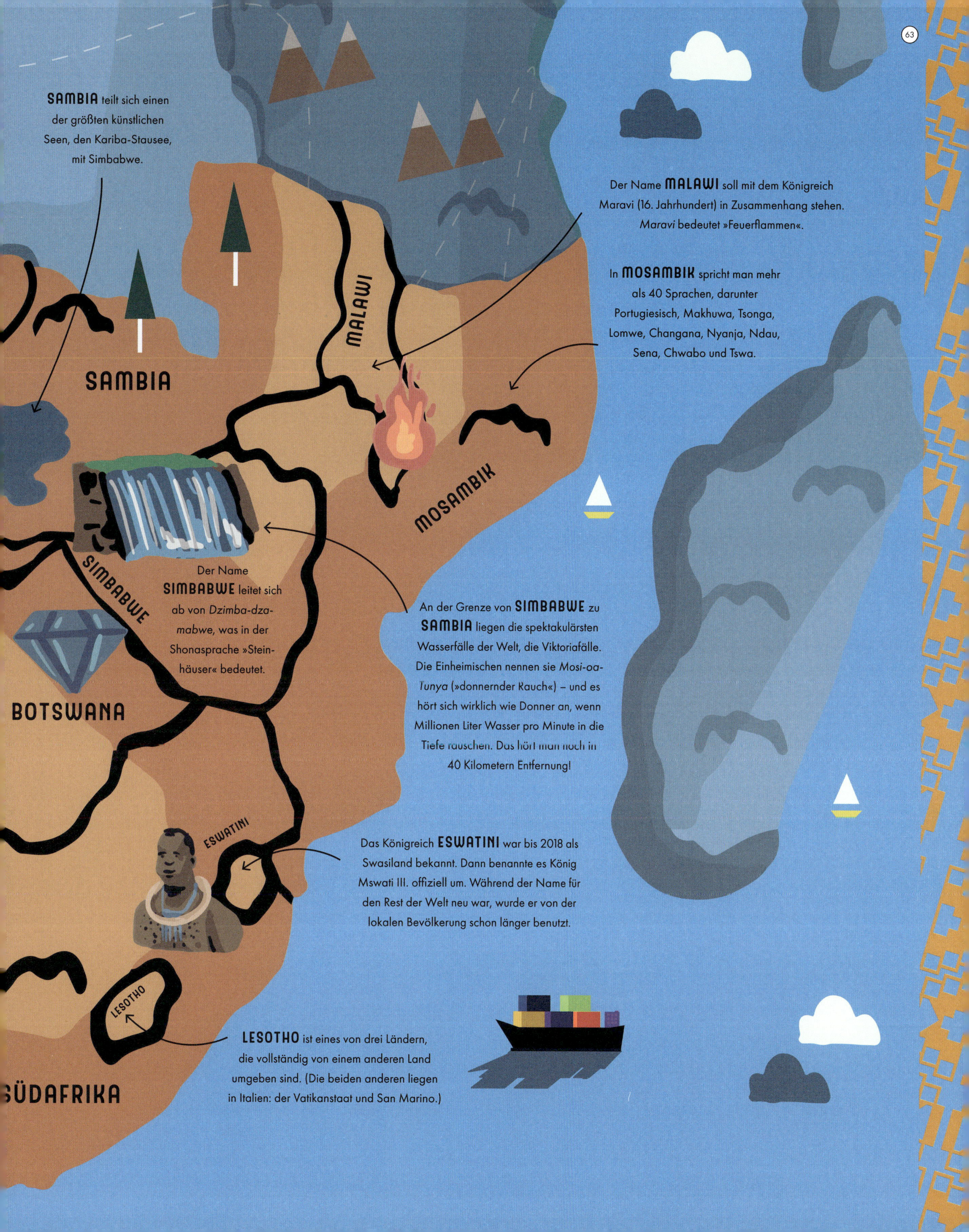
SAMBIA teilt sich einen der größten künstlichen Seen, den Kariba-Stausee, mit Simbabwe.
Der Name **MALAWI** soll mit dem Königreich Maravi (16. Jahrhundert) in Zusammenhang stehen. *Maravi* bedeutet »Feuerflammen«.
In **MOSAMBIK** spricht man mehr als 40 Sprachen, darunter Portugiesisch, Makhuwa, Tsonga, Lomwe, Changana, Nyanja, Ndau, Sena, Chwabo und Tswa.
MALAWI
SAMBIA
MOSAMBIK
SIMBABWE
Der Name **SIMBABWE** leitet sich ab von *Dzimba-dza-mabwe*, was in der Shonasprache »Steinhäuser« bedeutet.
An der Grenze von **SIMBABWE** zu **SAMBIA** liegen die spektakulärsten Wasserfälle der Welt, die Viktoriafälle. Die Einheimischen nennen sie *Mosi-oa-Tunya* (»donnernder Rauch«) – und es hört sich wirklich wie Donner an, wenn Millionen Liter Wasser pro Minute in die Tiefe rauschen. Das hört man noch in 40 Kilometern Entfernung!
BOTSWANA
ESWATINI
Das Königreich **ESWATINI** war bis 2018 als Swasiland bekannt. Dann benannte es König Mswati III. offiziell um. Während der Name für den Rest der Welt neu war, wurde er von der lokalen Bevölkerung schon länger benutzt.
LESOTHO
LESOTHO ist eines von drei Ländern, die vollständig von einem anderen Land umgeben sind. (Die beiden anderen liegen in Italien: der Vatikanstaat und San Marino.)
SÜDAFRIKA

GROSSREICHE

Das Südliche Afrika steckt voller Kreativität, Farbe und einzigartiger kultureller Traditionen – vom Leben der Jäger und Sammler bis zu den Klängen der lebendigen südafrikanischen Musikszene. Die Region ist Heimat Hunderter verschiedener ethnischer Gruppen, von den *Ovimbundu* in Angola bis zu den *Bemba* aus Sambia. Sie alle pflegen ein charakteristisches kulturelles Erbe, das Einblicke in die Geschichte der Region gewährt.

STEINZEIT

Vor etwa 2,6 Millionen Jahren, in der Altsteinzeit, begannen unsere Vorfahren, Steinwerkzeuge zum Häuten und Zerlegen von Tieren zu benutzen. Diese sind als *Oldowan*-Werkzeuge bekannt. Es gibt zwei Haupttypen – Geröllstücke, denen durch Abschlagen eine scharfe Kante hinzugefügt wurde und solche, die aus Stein mit einfachen Mitteln hergestellt wurden. In der Mittelsteinzeit wurden fortschrittlichere Werkzeuge wie Speere hergestellt. In der Jungsteinzeit wurden Jagdwaffen wie Pfeil und Bogen entwickelt.

UM 1400–1600
MONUMUTAPAREICH

Das Shonareich von Mutapa, regiert von den *Monomutapa* (manchmal auch *Mwene Mutapa* geschrieben) war riesig. Es erstreckte sich entlang der Flüsse Sambesi und Limpopo durch Teile mehrerer heutiger afrikanischer Staaten: Simbabwe, Südafrika, Lesotho, Eswatini, Mosambik, Namibia und Botswana. Der Reichtum und Einfluss des Landes beruhte auf dem Goldhandel, die Blütezeit lag zwischen Mitte des 15. und Mitte des 17. Jahrhunderts. Von Kriegen geschwächt, wurde es 1633 von den Portugiesen erobert.

Die ersten Europäer, die ins Südliche Afrika kamen, waren die Portugiesen auf der Suche nach einem **SEEWEG NACH INDIEN**. 1488 umsegelte der portugiesische Entdecker Bartolomeu Dias das Kap der Guten Hoffnung, die Südspitze Afrikas. 1497 folgte Vasco da Gama und segelte nach Indien. Auch Holländer und Briten zog es zum Kap der Guten Hoffnung, weil es ein günstiger Ort für einen Zwischenstopp auf der Seereise von Europa nach Asien war.

1581–1663
KÖNIGIN VON NDONGO UND MATAMBA

Königin Njinga Mbande war besonders erfolgreich im Kampf gegen die europäische Kolonisation im 17. Jahrhundert. Die geschickte militärische Strategin und Diplomatin trotzte zahlreichen portugiesischen Gouverneuren auf dem Gebiet des heutigen Angola und regierte die Königreiche von Ndongo und Matamba über drei Jahrzehnte lang.

UM 1950–1990
KAMPF UM UNABHÄNGIGKEIT

In den 1950er-Jahren begannen die afrikanischen Länder, sich gegen die Kolonialherrschaft aufzulehnen. Sie strebten nach Unabhängigkeit, und der Kampf darum war lang und blutig. Doch langsam, aber sicher veränderte sich die Lage. Zwischen den 1960er- und den 1990er-Jahren errangen eine Reihe von Ländern ihre Unabhängigkeit.

VOR CIRCA 3000 JAHREN
DIE BANTU-WANDERUNG

Die Bantu-Wanderung gilt als die größte Völkerwanderung der Menschheitsgeschichte und hatte großen Einfluss auf Kultur, Wirtschaft und Politik des Kontinents. Vor etwa über 3000 Jahren verließen Bantu sprechende Volksgruppen nach und nach ihre ursprüngliche Heimat im Westen Zentralafrikas und zogen in die östlichen und südlichen Regionen des Kontinents. Die Wanderung dauerte etwa 2000 Jahre an.

Die **BANTU** kannten schon früh die Kunst der Eisenverhüttung und fertigten landwirtschaftliche Werkzeuge aus Eisen.

um 1100–1450
GROSS-SIMBABWE

Groß-Simbabwe war ein riesiges Handelsreich in Zentralsimbabwe. Um 1100 v. Chr. lebten bis zu 18 000 Menschen in der damaligen Hauptstadt des Königreichs Simbabwe. Ausgrabungen in den Ruinen der Stadt geben einen beeindruckenden Einblick in die Kunstfertigkeit und Kreativität der damaligen Gesellschaft. Im 15. Jahrhundert begann der Verfall des Reichs.

um 900–1300
KÖNIGREICH MAPUNGUPWE

Das Königreich Mapungubwe war die erste einheimische Hochkultur im Südlichen Afrika. Als sich Menschen auf dem fruchtbaren Land im Limpopotal zwischen Botswana, Südafrika und Simbabwe niederließen, wuchs das Reich. Sein Wohlstand kam aus der Landwirtschaft und dem Handel mit Gold und Elfenbein. Ehe es im 14. Jahrhundert zerfiel, war es das größte Reich im Südlichen Afrika. Manche sehen den Grund für den Fall des Reichs darin, dass ein Teil der Menschen nordwärts zog und Simbabwe gründete.

1684–1850
DAS ROZVI-REICH

Das Rozvi-Reich wurde von Changamire Dombo errichtet. 1695 besiegte er die Portugiesen, die das Reich einnehmen und die Kontrolle über die Goldminen erlangen wollten. Mit seinem Sieg konnte er die Portugiesen aus dem Gebiet des heutigen Simbabwe vertreiben.

1860–1960
KOLONISATION

Als europäische Siedler tiefer ins Zentrum des Südlichen Afrika vordrangen, entdeckten sie in den 1860er-Jahren Diamanten und in den 1880er-Jahren dann Gold. In der Folge gründeten Großbritannien, Deutschland und Portugal bis Ende des 19. Jahrhunderts im Südlichen Afrika Kolonien.

1816–1828
AUFSTIEG DES ZULU-REICHS

Das mächtige Königreich Zululand entstand zwischen 1816 und 1820 unter dem Militärführer Shaka Zulu. Es war im Vergleich zu anderen Staaten dieser Zeit relativ klein, aber durch Shaka Zulus Taktik und militärische Organisation unterwarfen die Zulu benachbarte Völker.

MENSCHEN UND KULTUREN DES SÜDLICHEN AFRIKA

Im Südlichen Afrika gibt es eine Reihe von Gemeinschaften, die ihre Traditionen und kulturellen Bräuche über die Jahrhunderte erhalten haben. Viele Kulturen dieser Region haben eine reichhaltige mündliche Überlieferung, bei der die Informationen in Form von Geschichten weitergegeben werden – schriftliche Zeugnisse gibt es kaum. Die vielen Geschichten der unterschiedlichen Kulturen sorgen für ein starkes Identitätsgefühl im Südlichen Afrika.

DIE HIMBA AUS NAMIBIA

Die *Himba* sind ein altes Hirtenvolk. Sie leben halbnomadisch und züchten Rinder und Ziegen. Bei den *Himba* sind Rinder ein Zeichen von Wohlstand. Nach dem Tod wird die Zahl der Rinder, die ein Mensch besessen hat, durch Hörner auf dem Grab symbolisiert. Die Himbafrauen sind bekannt für ihre rote Haut, die sie dadurch erzielen, dass sie sich mit *Otjize*, einer Mischung aus Butterfett und rotem Ocker, einreiben. Diese Mischung soll vor der Sonne schützen und Insekten abwehren.

DIE SAN

Die auch als *Basarwa* bekannten *San* aus der Kalahari sind die ältesten Einwohnerinnen und Einwohner des Südlichen Afrika. Sie leben schon seit mindestens 20 000 Jahren dort, weshalb viele Anthropologen sie für das älteste Menschenvolk der Welt halten. Heute leben schätzungsweise 100 000 San in der Region, vor allem in Botswana, Namibia, Südafrika und Sambia. Trotz des wachsenden Drucks durch die moderne Zivilisation und den Bergbau versuchen viele *San*, an ihrem Leben als Jäger und Sammler festzuhalten. Sie sammeln wilde Beeren, Kräuter und Wurzeln als Nahrung und zu medizinischen Zwecken.

DIE CHEWA

Die *Chewa* sind Malawis größte ethnische Gruppe. Es gibt schätzungsweise 1,5 Millionen *Chewa* in Malawi und Sambia. Im Mittelpunkt der *Chewa*-Kultur steht der Glaube, dass Ahnen und Geister das heutige Leben wesentlich mitbestimmen und mit der gegenwärtigen Welt in regem Kontakt stehen. Die Kommunikation zwischen den Ahnen und den Lebenden übernehmen die *Nyau*, ein Geheimbund aus Eingeweihten.

DIE XHOSA

Die *Xhosa* bilden die zweitgrößte kulturelle Gruppe im Südlichen Afrika. Ihre Sprache isiXhosa umfasst auch Klicklaute – X, Q, KR und CG werden als Klicks gesprochen. Die traditionelle Kleidung der *Xhosa* besteht aus Baumwolle und ist in einzigartigen Mustern gewebt. Die Frauen tragen weiße Kleider, die an Hals und Saum schwarz abgesetzt sind, sowie eine Kopfbedeckung aus drei verschiedenen Materialien in bestimmten Farben. Die Farben der Kopfbedeckung stehen für die unterschiedlichen Regionen, aus denen die Trägerinnen kommen.

In der **XHOSAKULTUR** spielt das Bemalen des Gesichts, *Umchkozo*, eine wichtige Rolle. Frauen verzieren ihr Gesicht mit Mustern aus Punkten weißen oder gelben Ockers. Die verschiedenen Muster haben spezielle Bedeutungen.

DIE SHONA

In der Shonakultur hat jeder ein Totem *(Mutupo)*, das sein Erbe, seine Herkunft, seine Verwandtschaft und seine Identität darstellt. Wer kein Totem hat, gilt als verloren, da er oder sie die eigene Identität nicht kennt. Totems sind in der Regel Tiere wie Elefant, Zebra oder Büffel und werden in väterlicher Linie vererbt, ähnlich wie ein Nachname. Zwei Menschen mit demselben Totem dürfen nicht heiraten.

NATUR UND LANDSCHAFTEN

Das Südliche Afrika ist für seine vielfältigen Naturräume bekannt, zu denen Wälder, Grasland, Küstenregionen und Gebirge gehören. Die am weitesten verbreiteten Vegetationsformen sind Baumsavannen, Trockenwälder und Grasland. Hier findet man auch einige der Tiere, für die Afrika berühmt ist. Deshalb ist die Region ein beliebtes Ziel für Touristen auf der Suche nach den »Big Five« – Elefant, Löwe, Nashorn, Leopard und Büffel.

DIE NICHT SO WÜSTE WÜSTE

Die Kalahari liegt in der Region Südliches Afrika und bedeckt über 70 Prozent von Botswana. Da in der Kalahari aber mehr Regen fällt als in anderen Wüsten, gilt sie nicht als echte Wüste. Im Sommer können die Temperaturen 40 Grad Celsius erreichen, im Winter fallen sie oft unter den Gefrierpunkt. In der Trockensavanne leben Geparden, Löwen, Wildhunde und giftige Schlangen wie die Puffotter. Auch die große Oryxantilope findet man dort. Oryx sind an das Leben in der Kalahari angepasst. Sie fressen wasserspeichernde Pflanzen und Wurzeln. Außerdem haben sie ein Blutgefäßnetz an der Halsschlagader, das wie ein Wärmetauscher funktioniert und so eine Überhitzung des Gehirns verhindert.

DIE ÄLTESTE WÜSTE DER WELT

Die Namib ist die älteste Wüste der Erde – dort ist es schon seit 55 Millionen Jahren trocken! Die Wüste ist riesig und erstreckt sich von der Atlantikküste bis weit ins Binnenland. Sie bedeckt weite Teile Namibias sowie Teile von Angola und Südafrika. Hier finden sich einige der größten Sanddünen der Welt – die *Big Daddy*-Düne im Sossusvlei ist etwa 325 Meter hoch! Trotz der extremen Trockenheit leben hier eine Reihe von Pflanzen wie Kameldorn oder Welwitschie und Tiere wie Bergzebra und Namatrappe.

DAS GRÖSSTE BINNENDELTA DER WELT

In Botswana finden sich die sumpfigen Feuchtgebiete des Okavango-Deltas – ein Muss für Naturliebhaber und eines der sieben Naturwunder Afrikas. Ein Netz von Lagunen, Flüssen, Inseln und Sümpfen bietet vielen Säugetieren, Reptilien, Vögeln und Fischen Lebensraum und einen Rückzugsort in der Trockenzeit.

BLÜHENDES KAP

Die *Cape Floral* genannte Region an der Südspitze Afrikas ist eines der pflanzenartenreichsten Gebiete der Welt. Es bedeckt zwar weniger als ein halbes Prozent Afrikas, beherbergt aber 20 Prozent der Pflanzenarten des gesamten Kontinents.

DIE GROSSEN FÜNF

Menschen aus aller Welt reisen nach Afrika, um die *Big Five*, die »Großen Fünf«, zu sehen. Diese Tiere fallen einem wohl auch zuerst ein, wenn man an afrikanische Tiere denkt.

AFRIKANISCHE BÜFFEL gelten als die gefährlichsten Tiere aus der Gruppe, sie sind für ihre Aggressivität berüchtigt. Deshalb wurden sie nie gezähmt oder als Haustiere genutzt.

LÖWEN leben meist in einem Rudel. Sie bewohnen die Savannen und offenen Wälder Tansanias, Kenias und Simbabwes sowie des Südlichen Afrika. Ausgewachsene Männchen besitzen eine bis zu 16 Zentimeter lange Mähne, die ein Zeichen ihrer Stärke darstellt. Die Mähne wirkt nicht nur attraktiv auf Weibchen, sie schützt auch den Hals im Kampf gegen Rivalen.

In der Region Südliches Afrika leben zwei Arten von **NASHÖRNERN**, das Breitmaulnashorn und das Spitzmaulnashorn. Aufgrund von Wilderei und illegalem Handel mit dem Horn findet man wild lebende afrikanische Nashörner nur noch in vier Ländern: Südafrika, Namibia, Simbabwe und Kenia.

LEOPARDEN kann man nur schwer entdecken. Die scheuen Tiere können gut klettern und verbringen viel Zeit in Bäumen. Ihr geflecktes Fell ist eine gute Tarnung, die sie in ihrem Lebensraum so gut wie unsichtbar macht.

AFRIKANISCHE ELEFANTENKÄLBER sind bei der Geburt schon etwa einen Meter groß!

SCHLÜSSELFIGUREN UND VORBILDER

ALBERT JOHN LUTHULI (1898–1967)

Albert John Luthuli war 1960 der erste Afrikaner, der einen Friedensnobelpreis erhielt. Der Preis wurde ihm für seinen Einsatz gegen die Rassentrennung (Apartheid) in Südafrika verliehen. Albert war Lehrer und Gewerkschaftler, der auf der Grundlage einer Philosophie der Gewaltfreiheit gegen Südafrikas rassistisches System der Apartheid vorging.

MARIA MUTOLA (GEB. 1972)

Maria de Lurdes Mutola trug den Spitznamen »Maputoexpress«, weil sie so unglaublich schnell war! Während ihrer Karriere als Mittelstreckenläuferin brach sie Rekorde und gewann zahlreiche Medaillen. Bei den Globen Galan in Schweden 1999 lief sie Weltrekord über 1000 Meter in 2 Minuten 30,94 Sekunden. Bei den Olympischen Spielen in Sydney 2000 gewann sie im 800-Meter-Lauf die erste Goldmedaille für Mosambik. 2008 wurde sie in Afrikas Sports Hall of Fame aufgenommen.

JOYCE BANDA (GEB. 1950)

Joyce Hilda Banda war von 2012 bis 2014 Präsidentin von Malawi. Sie war die erste Frau auf diesem Posten in Malawi und die zweite in ganz Afrika. Sie betätigte sich zudem als Menschenrechtsaktivistin und wurde 2013 im Forbes-Magazin, einer der wichtigsten Wirtschaftszeitschriften weltweit, als mächtigste Frau Afrikas bezeichnet. Auch wenn ihre Politik nicht unumstritten war, machte Joyce doch Geschichte.

MIRIAM MAKEBA (1932–2008)

Zenzile Miriam Makeba war bekannt als »Mama Afrika«. Die talentierte Sängerin und Songwriterin hat afrikanische Popmusik im Rest der Welt bekannt gemacht. Ihr eingängiger Song *Pata Pata* war weltweit ein Hit. 1966 erhielt sie einen Grammy. Sie war nicht nur eine brillante Musikerin, sondern setzte ihre Stimme auch im Kampf gegen das Apartheidregime in Südafrika ein und verbrachte infolgedessen drei Jahrzehnte im Exil.

TSITSI DANGAREMBGA (GEB. 1959)

Tsitsi Dangarembga ist eine von Simbabwes bekanntesten Kulturschaffenden. Sie schreibt Romane, Theaterstücke und Drehbücher, arbeitet aber auch als Filmemacherin. Sie veröffentlichte als erste schwarze Simbabwerin einen Roman auf Englisch. 2021 wurde sie mit dem Friedenspreis des Deutschen Buchhandels ausgezeichnet.

MPULE KWELAGOBE (GEB. 1979)

Mpule Keneilwe Kwelagobe wurde 1999 als erste Schwarze Afrikanerin zur Miss Universum gekürt. Damals war sie erst 19 und die erste Frau aus Botswana, die an diesem Wettbewerb teilnahm. Mpule nutzte ihre Bekanntheit für Aufklärungskampagnen über HIV und Aids. Heute arbeitet sie erfolgreich als Model, Geschäftsfrau und Investorin.

SCHNAPPSCHÜSSE

HERERO

In Namibia trifft man häufiger Frauen in langen, bunten Gewändern im Stil des ausgehenden 19. Jahrhunderts. Das hat mit der Geschichte des Landes zu tun: Zu Beginn des 20. Jahrhunderts besetzte Deutschland Namibia, und es kam zu Auseinandersetzungen mit den dort lebenden *Herero*. In einem der dunkelsten Kapitel der Geschichte Namibias wurden in deren Verlauf fast 80 Prozent der *Herero* ausgelöscht. Ursprünglich war die Kleidung von den Kolonialherren verordnet, schnell wurde sie aber zum Symbol des Widerstands. Zur Tracht gehören neben mehreren Unterröcken auch die typischen Kopfbedeckungen, die an Kuhhörner erinnern sollen.

MUSIK

Südafrika ist ein gewaltiger Musikmarkt, der seit Jahrzehnten Musik in alle Welt exportiert – vom Trompeter Hugh Masekela bis zum DJ Black Coffee. Immer neue Musikstile kommen auf und werden in Diskotheken und im Radio überall auf der Welt gespielt. *Gqom*, eine Art elektronischer Tanzmusik, und *Amapiano*, eine jazzige Tanzmusik, sind neuere Beispiele.

HEAVY METAL IN BOTSWANA

In Botswana gibt es viele begeisterte Heavy-Metal-Anhänger. Das Land hat eine ganze Reihe eigener Bands, die alles von Hardrock bis Death Metal spielen. Die *Metalheads* betrachten Heavy Metal als Lebensstil. Sie kleiden sich wie klassische Motorradrocker – mit Leder, Ketten, Nieten und Cowboyhüten.

AFRIKA WELTWEIT

Zwischen dem 7. und dem 20. Jahrhundert zogen viele Afrikanerinnen und Afrikaner aus unterschiedlichen Gründen in alle Welt – die meisten aufgrund des Sklavenhandels. Heute leben Hunderte Millionen Menschen afrikanischer Herkunft außerhalb des Kontinents Afrika. Die größten afrikanischen Bevölkerungsgruppen finden sich in Südamerika, Nordamerika, Europa, dem Nahen Osten und in der Karibik. Sie haben immer eine wichtige Rolle in der Gesellschaft der Länder gespielt, in denen sie leben.

UNTER ZWANG

Die meisten Menschen verließen Afrika zu Zeiten des arabischen und des transatlantischen Sklavenhandels. Die Araber brachten Sklaven aus Afrika nach Europa und Indien und in verschiedene Teile der arabischen Welt. Während des transatlantischen Sklavenhandels wurden geschätzte zwölf Millionen Menschen aus Zentral- und Westafrika auf den amerikanischen Kontinent und in die Karibik verschifft und dort versklavt.

SÜDAMERIKA

Afro-Latinos sind Menschen mit afrikanischen Wurzeln, die in Mittel- und Südamerika leben. Zumeist sind ihre Vorfahren versklavte Afrikanerinnen und Afrikaner, die in den Bergwerken und auf den Plantagen der europäischen Siedler arbeiten mussten. Die Länder mit dem höchsten Anteil von Menschen afrikanischer Herkunft sind Brasilien – wo fast die Hälfte der Bevölkerung afrikanische Vorfahren hat – und Kolumbien. Ein sehr bekannter Teil der brasilianischen Kultur ist *Capoeira*, ein Tanz mit Akrobatik und Kampfsportelementen, der von afrikanischen Sklaven in Brasilien entwickelt wurde. Afro-Latino-Musikstile wie der *Samba* sind ein wichtiger Bestandteil des berühmten brasilianischen Karnevals und ziehen Reisende aus aller Welt an.

KARIBIK

Afro-Kariben sind Nachfahren von versklavten Afrikanerinnen und Afrikanern, die zur Zeit des transatlantischen Sklavenhandels in die Karibik gebracht wurden. In karibischen Ländern wie Haiti, Jamaika und der Dominikanischen Republik bilden Menschen mit afrikanischen Wurzeln die Bevölkerungsmehrheit. Die charakteristische, lebendige afrokaribische Kultur hat die übrige Welt beeinflusst. Tänze wie Mambo und Rumba aus Kuba und Calypso aus Trinidad und Tobago sind karibischen Ursprungs. Auch Gerichte aus der karibischen Küche wie *Jerk Chicken*, Eintopf mit Ziegenfleisch oder Kochbananen haben die Welt erobert.

NORDAMERIKA

In den USA leben über 46 Millionen Afroamerikanerinnen und -amerikaner, das sind mehr als 13 Prozent der amerikanischen Bevölkerung. Die Familiengeschichte der meisten von ihnen lässt sich zum Sklavenhandel zurückverfolgen, aber im 20. und 21. Jahrhundert sind viele auch freiwillig eingewandert – auf der Suche nach einem besseren Leben. Bis zur Abschaffung der Versklavung 1865 lebten die Afroamerikanerinnen und -amerikaner in den USA als unfreie Sklaven. Doch auch danach sahen sie sich noch Diskriminierungen ausgesetzt. In der Bürgerrechtsbewegung der 1950er- und 1960er-Jahre kämpften sie um gleiche Rechte in Politik und Alltag. Heute ist Rassismus noch immer ein Problem – 2020 wurde George Floyd, ein Schwarzer Mann, von einem weißen Polizisten gequält und getötet. Ein durch einen Passanten aufgenommenes Video sorgte weltweit für Aufsehen. Der Kampf um gleiche Rechte hat eine Reihe von führenden Politikern und Bürgerrechtlern hervorgebracht, darunter Frederick Douglass, Rosa Parks und Martin Luther King. 2008 wurde Barack Obama zum ersten schwarzen Präsidenten des Landes gewählt.

In der Kultur Nordamerikas waren Afroamerikanerinnen und -amerikaner sehr einflussreich. Musikstile wie Jazz, Soul, Hip-Hop und Blues haben afrikanische Wurzeln. Geprägt wurden diese Musikrichtungen von Duke Ellington, Aretha Franklin, Stevie Wonder, Jay Z und Beyoncé. Sie zählen zu den großen Musikern der Welt. Aber auch in Literatur, Tanz und Mode finden sich vielerlei Einflüsse. In Sportarten wie Basketball, American Football und Leichtathletik sind Amerikanerinnen und Amerikaner mit afrikanischen Wurzeln sehr erfolgreich.

EUROPA

Zwischen dem 8. und dem 15. Jahrhundert herrschten die *Mauren* aus Nordafrika im heutigen Spanien und Portugal. Ein Zeitzeuge beschrieb die maurischen Invasoren so: »Die Zügel ihrer Pferde waren wie Feuer, ihre Gesichter pechschwarz, ihre Augen leuchteten wie brennende Kerzen, ihre Pferde waren flink wie Leoparden und die Reiter wilder als ein Wolf in einem Schafstall bei Nacht.« Die *Mauren* regierten 800 Jahre lang. Auf seinem Höhepunkt war das maurische Spanien das fortschrittlichste Gebiet in ganz Europa – als wissenschaftliches Zentrum für Mathematik, Physik und Philosophie. Wenngleich Afrikaner schon seit Jahrhunderten in Europa gelebt hatten, nahm ihre Zahl durch den Sklavenhandel im 15. und 19. Jahrhundert noch zu. Im 20. Jahrhundert wanderten viele Afrikanerinnen und Afrikaner auf der Suche nach Arbeit und besseren Bildungschancen in die Mutterländer ehemaliger Kolonien wie Frankreich, England und Belgien aus.

MITTLERER OSTEN UND ASIEN

Zur Zeit des arabischen Sklavenhandels wurden bis zu 17 Millionen Afrikanerinnen und Afrikaner über den Indischen Ozean verschleppt, um als Leibeigene und Bedienstete in Arabien, in der Golfregion und weiter östlich in Asien zu arbeiten. Nachkommen dieser afrikanischen Gemeinden leben bis heute in Indien, Pakistan, Sri Lanka, im Irak, Iran, Oman und Yemen. Eine der neueren afrikanischen Diasporen ist ein als »Kleinafrika« bekannter Bezirk im chinesischen Guangzhou. Mit mehr als 15 000 afrikanischen Einwanderern ist die Stadt Heimat der größten afrikanischen Migrantenpopulation. Viele kamen, um Geschäfte zu machen, und haben Handelsunternehmen gegründet.

VON AFRIKA IN ALLE WELT

Wir alle können unsere genetische Herkunft nach Afrika zurückverfolgen. Vor etwa 100 000 Jahren zogen die ersten modernen Menschen nach Norden – in der Folge eines Klimawandels und auf der Suche nach Nahrung. Sie kamen nach Eurasien und verbreiteten sich in den nächsten Jahrtausenden auch auf anderen Kontinenten wie Australien, Nordamerika und Südamerika.

VOR CIRCA 100 000 JAHREN

Die ersten Gruppen moderner Menschen *(Homo sapiens)* machten sich auf den Weg heraus aus Afrika. Ein niedriger Meeresspiegel und Landbrücken ermöglichten ihnen, zu Fuß andere Erdteile zu erreichen. Andere Arten wie z. B. den Neandertaler gab es bereits außerhalb Afrikas, wurden aber vom *Homo sapiens* verdrängt.

UM 600–1900

Geschätzte 17 Millionen Menschen wurden im Zuge des arabischen Sklavenhandels aus Ostafrika und dem Horn von Afrika nach Arabien, in Länder am Persischen Golf und weiter nach Osten gebracht. Ihre Nachfahren leben noch heute dort.

UM 100 V. CHR.–700 N. CHR.

In der Römerzeit ging die Migration in Nordafrika weiter. Händler, Soldaten und versklavte Bedienstete zogen in Teile Europas, des Nahen Ostens und Asiens.

UM 1400–1500

Im 15. und 16. Jahrhundert erlebten Spanien und Portugal als erste europäische Länder einen großen Zustrom von Afrikanerinnen und Afrikanern. Die meisten wurden als Sklaven nach Portugal gebracht, wo sie in der Fischerei und Landwirtschaft arbeiteten mussten. Ehemals versklavte Menschen waren als Hausangestellte und im Backgewerbe tätig oder lernten ein Handwerk.

UM 1440–1866

Der transatlantische Sklavenhandel brachte Millionen von Afrikanern nach Amerika. Etwa zwölf Millionen Menschen aus West- und Zentralafrika wurden nach Europa, in die Karibik, nach Nordamerika und Südamerika verschifft.

SEIT 2010–HEUTE

Seit 2010 nimmt die Zahl der Menschen, die aus Afrika nach Europa und Nordamerika flüchten, zu. Viele fliehen vor Krieg, Gewalt, Dürre und Hunger und sind auf der Suche nach einem besseren Leben. Leider verlieren immer wieder Flüchtende ihr Leben, wenn sie versuchen, Europa über das Mittelmeer per Boot zu erreichen.

VOR 60 000–80 000 JAHREN

Menschen wandern in größerer Zahl von Nordafrika in den Nahen Osten und ziehen von dort weiter nach Eurasien.

VOR 45 000–50 000 JAHREN

Mit einfachen Booten oder auf Flößen erreichen die Menschen Indonesien, Papua-Neuguinea und Australien.

VOR 20 000 JAHREN

Amerika ist der letzte Kontinent, der von Menschen besiedelt wird. Sie wandern über eine Landbrücke von Nordostasien nach Nordamerika ein und breiten sich in den folgenden Jahrhunderten bis nach Südamerika aus.

VOR 30 000 JAHREN

Die modernen Menschen erreichen die östlichen Regionen Asiens wie China und Japan. Mit der Zeit lösen sie dort frühere Menschengruppen wie den *Homo erectus* ab.

1960ER-JAHRE: DEKOLONISATION

Viele der ehemaligen Kolonien konnten sich vom Joch der Kolonialherrschaft befreien und ihre Unabhängigkeit feiern. In manchen der neuen Länder aber trieben grausame Kriege die Menschen zur Flucht in europäische Länder wie Frankreich, Großbritannien, Portugal, die Niederlande und Belgien.

1980ER-JAHRE

Afrikanerinnen und Afrikaner ziehen manchmal auf der Suche nach Arbeit und besseren Bildungschancen in die Mutterländer der ehemaligen Kolonien wie z. B. Großbritannien, Portugal und Frankreich.

2000ER-JAHRE

Afrikanerinnen und Afrikaner ziehen auf der Suche nach Arbeit oder zum Studium in Länder wie Großbritannien, Frankreich und Belgien. Andere wandern nach Nordamerika oder Asien aus. Die meisten Auswanderer aus Afrika leben in europäischen Ländern.

Vor allem Menschen aus Nordafrika – Algerien, Marokko und Tunesien – zieht es ins benachbarte Europa. Afrikanerinnen und Afrikaner aus Ländern im Nordosten, wie Ägypten und dem Sudan, wandern eher in arabische Länder wie Jordanien, Saudi-Arabien und die Vereinigten Arabischen Emirate aus.

EINFLÜSSE AFRIKAS

1. MATHEMATIK

Multiplikation, Algebra und Geometrie gehören zu den mathematischen Teilgebieten, die in Afrika entwickelt wurden. Im alten Ägypten gab es so versierte Mathematiker, dass sie mit ihren Berechnungen die Nilfluten vorhersagen konnten. Eines der ältesten Zeugnisse dafür ist der in der Demokratischen Republik Kongo entdeckte Ishango-Knochen. Auf dem etwa zehn Zentimeter langen Knochen sind Einkerbungen sichtbar, die möglicherweise zum Rechnen oder als Kalender genutzt wurden. Sein Alter wird auf mindestens 20 000 Jahre geschätzt.

2. DER KALENDER

Der erste Sonnenkalender wurde im alten Ägypten geschaffen. Sie beobachteten, wie sich die Erde um die Sonne dreht, und legten auf der Grundlage ihrer Beobachtungen einen Kalender mit zwölf Monaten und 365 Tagen fest.

3. KAFFEE

Äthiopien gilt als Geburtsland des Kaffees. Einer Legende nach soll Anfang des 8. Jahrhunderts einem Ziegenhirten namens Kaldi aufgefallen sein, dass seine Tiere voller Energie waren, wenn sie die Beeren eines bestimmten Strauchs gefressen hatten. Die Menschen sollen zuerst einen Sud aus den gemahlenen Beeren gekocht haben. Im 15. Jahrhundert breitete sich der Kaffeeanbau dann nach Norden auf die Arabische Halbinsel aus.

4. MUSIK

Viele der beliebtesten Musikrichtungen der Welt, wie Salsa, Samba, Jazz, Blues und Hip-Hop, haben ihre Wurzeln in Afrika. Die Sambamusik, ein wichtiger Teil der brasilianischen Kultur, wurde von afrikanischen Sklaven mitgebracht. Auch die Afroamerikanerinnen und -amerikaner, die zu Beginn des 20. Jahrhunderts den Blues entwickelten, waren Nachfahren afrikanischer Sklaven. Heute ist *Afrobeats*, eine Musikrichtung aus Westafrika, weltweit sehr beliebt.

5. KARBONSTAHL

Um das Jahr 100 n. Chr. stellten die *Haya* aus dem Gebiet des heutigen Tansania Karbonstahl her, indem sie Eisen in einem Brennofen aus Lehm und Glas schmolzen. Erst viel später, im 19. Jahrhundert, wurde in Europa Stahl hergestellt. Die *Haya* produzierten 2000 Jahre lang hochwertigen Karbonstahl. Dieser Stahl enthält neben Eisen auch Kohlenstoff, was ihn besonders robust macht. Er wird heute für Autos, Pipelines, Eisenbahnschienen und Brücken verwendet.

6. IMPFUNG

Impfungen wurden in Afrika schon lange vor der Kolonialherrschaft praktiziert. Die Menschen infizierten sich selbst mit den von europäischen Siedlern eingeschleppten Pocken, um sich gegen die Krankheit zu immunisieren. Dafür nahmen sie den Eiter einer infizierten Person und fügten einer gesunden Person ein wenig davon über einen Schnitt zu. Die gesunde Person zeigte nur leichte Krankheitssymptome und war danach immun gegen die Krankheit.

7. SCHMERZMITTEL

Vor etwa 3500 Jahren wurde in Ägypten Salizylsäure aus Weidenrinde zur Behandlung von Schmerzen benutzt. Die Griechen und Römer übernahmen die Medizin Jahrhunderte später. Das heute vielfach verwendete Schmerzmittel Aspirin wird aus Salizylsäure hergestellt.

8. COMPUTERTOMOGRAFIE

Einer der Erfinder der Computertomografie, Allan MacLeod Cormack, war ein gebürtiger Südafrikaner. Er erarbeitete in den 1960er-Jahren die theoretischen Grundlagen der Computertomografie und erhielt dafür zusammen mit Godfrey Hounsfield 1979 den Nobelpreis für Physiologie oder Medizin.

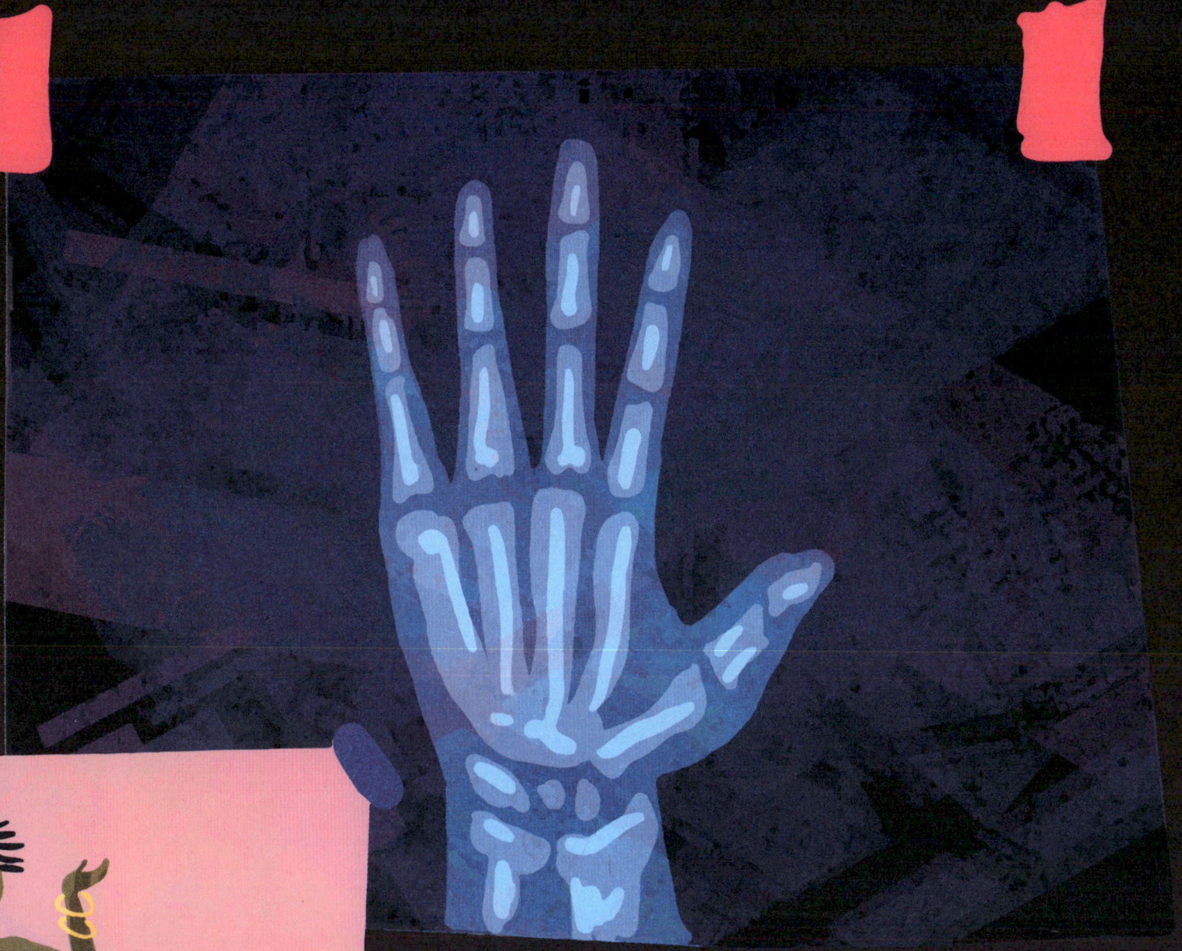

9. TANZ

Mit ihren energiegeladenen Bewegungen und ihren packenden Rhythmen haben Afrikanerinnen und Afrikaner die Welt beeinflusst. Tänze wie *Gwara Gwara*, *Shaku Shaku* und *Poco* haben in den Sozialen Medien Trends gestartet und wurden immer beliebter. Auch in bekannten Musikvideos, unter anderem von Rihanna und Beyoncé, spielen sie eine Rolle.

10. ESSEN

Afrika hat großen Einfluss auf die Küche in aller Welt. Die Ursprünge liegen hauptsächlich in der Sklaverei. Die Afrikanerinnen und Afrikaner führten Kochbananen, Maniok, Yams und Okra in die karibische Küche ein und auch scharfe Gewürze wie Scotch-Bonnet-Chili. Das jamaikanische *Jerk Chicken* geht auf Sklaven aus Westafrika zurück. Die Küche in den Südstaaten der USA, wo Gemüse wie Blattkohl und Okra Verwendung finden, geht ebenfalls auf afrikanische Sklaven zurück.

SCHLÜSSELFIGUREN UND VORBILDER

NELSON MANDELA

(1918–2013)

Nelson Rolihlahla Mandela gilt als der Vater der südafrikanischen Demokratie und war von 1994 bis 1999 der erste Schwarze Präsident von Südafrika. Davor hatte die weiße Minderheitsregierung Nelson 27 Jahre lang im Gefängnis eingesperrt. Als er schließlich freigelassen wurde, predigte er Vergebung und Versöhnung. Seine Würde und sein Mut machten ihn zu einem internationalen Helden und zu einer Inspiration für viele.

LUPITA NYONG'O (GEB. 1983)

Lupita Nyong'o ist eine kenianische Schauspielerin. Sie erlangte Aufmerksamkeit, als sie 2014 einen Oscar als beste Nebendarstellerin erhielt. Heute ist Lupita auch als Schriftstellerin sehr erfolgreich.

WIZKID (GEB. 1990)

Ayodeji Ibrahim Balogun, besser bekannt als WizKid, ist der am häufigsten gestreamte nigerianische Musiker der Welt. Seine einzigartige Mischung aus westafrikanischer Musik und Textelementen mit Reggae, House und Hip-Hop hat dazu beigetragen, Westafrikas *Afrobeat*-Musik weltweit bekannt zu machen. WizKids Musikkarriere begann im Alter von elf Jahren, als er mit vier Freunden aus seiner Kirche die Musikgruppe The Glorious Five gründete. Er hat mehrere Musikpreise gewonnen und arbeitet häufiger mit anderen großen Stars wie Beyoncé und Drake zusammen.

VANESSA NAKATE

(GEB. 1996)

Als Vanessa Nakate die dramatischen Auswirkungen des Klimawandels in ihrer Heimat Uganda erkannte, musste sie etwas unternehmen. Gemeinsam mit ihren Geschwistern demonstrierte sie vor dem ugandischen Parlament gegen die Untätigkeit im Kampf gegen die globale Erwärmung. Als andere junge Leute sie unterstützten, gründete sie die Organisationen *Youth for Future Africa* und *Rise Up Movement*. Heute ist Vanessa eine der führenden Stimmen im Kampf gegen den Klimawandel.

TREVOR NOAH (GEB. 1984)

Trevor Noah ist einer der erfolgreichsten Kabarettisten Afrikas. Er wuchs als Kind einer Schwarzen Südafrikanerin und eines weißen Schweizers unter dem weißen Minderheitenregime in Südafrika auf. Seine Kindheit hat sein Weltbild geprägt und ist die Quelle seiner kabarettistischen Darbietungen und politischen Kommentare. Davon erzählt er in seinem Buch *Farbenblind*. Bis 2022 moderierte Trevor eine beliebte amerikanische Fernsehshow, *The Daily Show*.

SIR DAVID ADJAYE OBE (GEB. 1966)

David Adjaye Obe gilt als einer der führenden Architekten seiner Generation und ist für sein innovatives Design und seinen kreativen Materialeinsatz bekannt. Der gebürtige Tansanier lebte als Kind in verschiedenen Ländern und lernte in dieser Zeit viele verschiedene Architekturstile kennen. Im Laufe seiner Karriere hat er ganz unterschiedliche Projekte umgesetzt – von Möbeldesign bis zu bekannten Kulturbauten wie dem National Museum of African American History and Culture in Washington, DC und der Moskauer Managementschule Skolkowo.

WEISE WORTE

Sprichwörter werden als Ratgeber und Trostspender von Generation zu Generation weitergegeben. Sie stellen Weisheiten dar, die die Menschen durch Erfahrung gewonnen haben. Sprichwörter sind ein wichtiger Bestandteil der afrikanischen Kultur und werden noch immer vielfach verwendet. Ihre Herkunft ist nicht immer genau nachzuverfolgen, doch ganz gleich, ob sie aus Angola oder Simbabwe kommten, Sprichwörter enthalten meist eine universelle Wahrheit.

Wenn du einem Freund eine Ziege schenkst, musst du die Leine loslassen. – **SAMBIA**

Wenn sich Spinnweben vereinigen, können sie einen Löwen fesseln. – **ÄTHIOPIEN**

Bete um eine gute Ernte, aber bearbeite weiter den Boden. – **TANSANIA**

Wer Eier verkauft, sollte auf dem Markt keinen Streit anfangen. – **NIGERIA**

Vereint sind wir Fels,
getrennt sind wir Sand.
– **MADAGASKAR**

Wenn du für deinen Feind eine Grube gräbst,
mach sie nicht zu tief, denn du könntest
hineinfallen. – **GAMBIA**

Wie die Schildkröte sollte jeder seinen Hals
hochrecken, wenn er vorwärtskommen will.
– **GHANA**

Hast und Eile können nur
großes Bedauern gebären.
– **SENEGAL**

Wer seine Vergangenheit vergisst, ist verloren.
– SUDAN

Die Meinung der Klugen ist besser als die Gewissheit der Dummen.
– GUINEA

Wenn zwei Elefanten kämpfen, ist es das Gras, das leidet. **– ANGOLA**

Wer zwei Knochen gleichzeitig abnagt, beißt sich sicher in die Zunge. **– TOGO**

Der Mund, der isst, sollte nicht sprechen, damit er keine Fliege verschluckt.
– KAMERUN

Ein gutes Gewissen ist ein sanftes Ruhekissen. **– GHANA**

Du kannst niemanden weiter führen, als du selbst gegangen bist. **– BOTSWANA**

Du kannst niemals Reis säen und erwarten, Mais zu ernten. **– SIERRA LEONE**

Die Zunge wiegt fast nichts, trotzdem können nur wenige Menschen sie im Zaum halten. **– GHANA**

KLEINE FLAGGENKUNDE

Eine Flagge verrät viel über ein Land. Sie kann die Vergangenheit, Gegenwart und Zukunft symbolisieren. Die afrikanischen Flaggen verwenden oft ähnliche Farben, Formen und Symbole – so finden sich vielfach die Farben Rot, Gelb und Grün, und 25 der insgesamt 54 Flaggen haben einen Stern.

Von 1977 bis 2011 war die **LIBYSCHE** Flagge die einzige einfarbige Flagge der Welt, ein einfaches grünes Tuch ohne jegliche Symbole. Das sollte die politische Philosophie und den islamischen Glauben des damaligen Führers Muammar Gaddafi symbolisieren. Nach dessen Sturz wurde eine frühere Version der Flagge wieder eingeführt. Die heutige Flagge ähnelt der, die schon 1951–1969 in Gebrauch war.

Die Streifen auf der Flagge von **BOTSWANA** sind vom Wappentier des Landes, dem Zebra, abgeleitet.

Die **NIGERIANISCHE** Flagge wurde von Michael Taiwo Akinkunmi, einem 23-jährigen Studenten, entworfen. 1959, ein Jahr vor der Unabhängigkeit des Landes, nahm er an einem Wettbewerb teil. Die Flagge hat drei gleich große senkrechte Streifen. Die grünen Streifen stehen für die Landwirtschaft und die Vegetation des Landes, der weiße Streifen für Einheit und Frieden.

Um sicherzustellen, dass die Menschen respektvoll mit der **SÜDAFRIKANISCHEN** Flagge umgehen, gibt es einige Regeln für den Umgang mit ihr – dazu gehört, dass die Flagge nicht als Tischtuch benutzt werden und nicht den Boden berühren darf. Außerdem sollte die Flagge als erste gehisst und als letzte eingeholt werden, wenn sie zusammen mit anderen Nationalflaggen gehisst wird.

Die Lehre von der Bedeutung der Flaggen heißt **VEXILLOLOGIE**. Einer der bekanntesten Vexillologen Afrikas war Frederick Brownell, der die südafrikanische und die namibische Flagge entwarf.

ALGERIEN ist eines von wenigen Ländern, die ein religiöses Symbol auf ihrer Flagge zeigen. Die Mondsichel, der Stern und die Farbe Grün sind traditionelle Symbole der Staatsreligion – dem Islam.

Die Flagge von **LIBERIA** hat große Ähnlichkeit mit der der USA. Beide Flaggen haben rote und weiße Streifen, einen bzw. mehrere weiße Sterne und ein blaues Viereck in der oberen linken Ecke. Die Ähnlichkeit kommt daher, dass Liberia von Menschen gegründet wurde, die ehemals in der Versklavung in den USA lebten und die die Ideale der Vereinigten Staaten in ihrer Flagge repräsentieren wollten.

Die Flaggen von Rumänien und dem **TSCHAD** sind praktisch gleich. Beide haben blaue, gelbe und rote Streifen, wenngleich Experten sagen, dass das Blau in der Flagge des Tschad dunkler ist als in der rumänischen Flagge.

MOSAMBIK ist eines der wenigen Länder, das auf seiner Flagge eine Waffe zeigt. Diese soll Widerstand und die Notwendigkeit der Verteidigung des Staates nach Jahren des Krieges darstellen. In diesem Fall handelt es sich um ein Sturmgewehr, eine Kalaschnikow, die mit einer Hacke über Kreuz auf einem Buch liegt. Andere Länder, die auch Waffen auf der Flagge haben, sind Guatemala, Haiti und Bolivien.

ALGERIEN
ÄGYPTEN
LIBYEN
MAURETANIEN
ÄTHIOPIEN
KENIA
MADAGASKAR
MAURITIUS
TANSANIA
UGANDA
BURUNDI
KAMERUN
GABUN
SÃO TOMÉ UND PRÍNCIPE
BENIN
BURKINA FASO
GUINEA-BISSAU
LIBERIA
MALI
NIGER

KO
TUNESIEN
KOMOREN
DSCHIBUTI
ERITREA
A
SEYCHELLEN
SOMALIA
SÜDSUDAN
SUDAN
ANISCHE
IK
TSCHAD
REPUBLIK KONGO
D. R. KONGO
ÄQUATORIALGUINEA
DE
ELFENBEINKÜSTE
GAMBIA
GHANA
GUINEA
A
SENEGAL
SIERRA LEONE
TOGO
ANGOLA
IK
NAMIBIA
SÜDAFRIKA
SAMBIA
SIMBABWE

GLOSSAR

AHNEN Vorfahren, Verwandte, die vor langer Zeit gelebt haben

AIDS (Acquired Immune Deficiency Syndrome, Deutsch: erworbenes Immunschwäche-Syndrom) Eine Kombination von Symptomen, die auftreten, wenn das Immunsystem eines Menschen durch das HI-Virus geschädigt wurde

AMATEUR/IN Eine Person, die etwas nicht beruflich, sondern zum Vergnügen macht

ANALPHABET/IN Eine Person, die nicht Lesen und Schreiben gelernt hat

ANNEKTIEREN Besitz von einem (Stück) Land ergreifen, in der Regel mit Gewalt und ohne Erlaubnis

APARTHEID Ein ehemaliges politisches System der Rassentrennung und Rassendiskriminierung in Südafrika

ARCHÄOLOGIE Eine Wissenschaft, die Vergangenheit und kulturelle Entwicklung der Menschheit anhand von alten Zeugnissen wie Werkzeugen, Tonwaren und Bauten erforscht

ARCHITEKTUR Das planvolle Gestalten, Entwerfen und Errichten von Bauwerken

ARTEFAKT Ein Gegenstand, der von Menschen gemacht wurde und von geschichtlichem und kulturellem Interesse ist

ASTRONOMIE Die Wissenschaft, die sich mit Himmelskörpern wie Sternen, Planeten oder Monden beschäftigt

AUFSTAND Volksaufstand, Rebellion. Ein offener, in der Regel gewaltsamer Widerstand mehrerer Personen gegen eine Staatsgewalt

AUSGRABUNG Systematisches, wissenschaftliches Ausgraben und Freilegen von Gebäuden, Gegenständen, Fossilien u.a. aus vor- und frühgeschichtlicher Zeit

BIOGRAFIE Beschreibung des Lebens einer (bekannten) Person, auch Memoiren genannt

BREITENGRAD Gibt die geografische Breite an, d. h. die Entfernung vom Äquator nach Norden oder Süden

DEMOKRATIE Ein politisches System, das auf dem Prinzip der Gleichheit und Freiheit aller Bürger beruht. Das Volk wird entweder direkt oder durch gewählte Vertreter an allen Entscheidungen beteiligt.

DIASPORA Bezeichnung für Menschen, die aufgrund von Verfolgung oder politischen Konflikten nicht in dem Gebiet ihrer Vorfahren leben (können).

DYNASTIE Eine Folge von Staatsoberhäuptern aus einer Familie oder eine Zeit, in der ein Land von einer bestimmten Herrscherfamilie regiert wird

ELFENBEIN Das Material der Stoßzähne von Elefant und Mammut, in diesem Buch immer von Afrikanischen Elefanten

EMISSION Ausstoß, Abgabe. Der Begriff wird häufig im Zusammenhang der Abgabe von schädlichen Stoffen gebraucht, z.B. CO_2-Emissionen.

ENSEMBLE Eine Gruppe von Dingen oder Menschen, die als Ganzes zusammengehört, z. B. eine Künstlergruppe

FOSSILIEN In irgendeiner Form erhaltene (versteinerte) Überreste von Tieren, Pflanzen und Menschen

HIEROGLYPHEN Schriftzeichen, die aus Bildern bestehen. Ein solches Bild kann für einen Laut, eine Silbe oder ein ganzes Wort stehen. Im engeren Sinne meint man damit die Bilderschrift des Alten Ägypten.

HISTORIKER/IN Geschichtswissenschaftler/in

HIV *Human Immunodeficience Virus.* Eine Infektion mit dem HI-Virus schädigt Zellen der Krankheitsabwehr des Körpers, sodass der Körper für alle möglichen Erkrankungen anfällig wird. Die Erkrankung nennt man AIDS.

HOCHKULTUR Damit meint man ein gut organisiertes Zusammenleben eines Volkes mit gemeinsamer Schrift, Religion, Kultur, Technik, einer Armee und einem Gesellschaftssystem mit verschiedenen Rollen und Berufen.

HOMO ERECTUS Eine ausgestorbene Art der Gattung *Homo* (Mensch). Aus ihr entwickelte sich vermutlich in Afrika der moderne Mensch (*Homo sapiens*) und in Europa der Neandertaler.

HOMO SAPIENS Der moderne Mensch, einzige heute noch lebende Menschenart

IMMUN Unempfindlich z. B. gegenüber Krankheitserregern

IMPFUNG Schutzimpfung. Die Gabe eines Impfstoffes (abgetötete oder abgeschwächte Erreger bzw. Bruchteile eines Krankheitserregers) mit dem Ziel, vor einer (übertragbaren) Krankheit zu schützen

INNOVATION Erneuerung, Neuerung (durch Anwendung neuer Methoden und Techniken)

KOLONIE Ein Land oder ein Gebiet, das von den Menschen eines anderen Landes (Kolonialmacht) gewaltsam kontrolliert oder besiedelt wird

KOLONISATION Kolonisierung. Die Gründung und Entwicklung von Kolonien, d. h. die Landnahme und Besiedlung von Land durch Kolonisatoren beziehungsweise Kolonisten und die Unterwerfung der dort lebenden angestammten Bevölkerung

KORRUPTION Der Missbrauch von Macht oder einer Vertrauensstellung für eigene Zwecke

KULTUR Geistige, künstlerische, gestaltende Leistungen einer Gemeinschaft; Gesamtheit der von einer Gemeinschaft in einem Gebiet zu einer bestimmten Zeit geschaffene künstlerische Leistungen; anderes Wort für Zivilisation

MANGROVEN Mangroven sind immergrüne Baum- und

Straucharten, die Salz vertragen können. Sie kommen an tropischen Küsten und Flussmündungen vor. Mangrovenwälder halten den Gezeiten stand und sind ein wirksamer Küstenschutz. Außerdem beherbergen sie eine Vielzahl von Lebewesen.

METALHEAD Ein Fan von Heavy-Metal-Musik

MIGRATION Eine dauerhafte räumliche Veränderung des Lebensmittelpunktes einer oder mehrerer Personen bis hin zu großen Volksgruppen (Völkerwanderung). Die Auswanderung aus einem Gebiet heißt Emigration, die Einwanderung Immigration.

MIZRACHIM Jüdinnen und Juden, die aus dem Nahen Osten oder Nordafrika stammen

MUMIEN Überreste von tierischen oder menschlichen Körpern, die durch natürliche Umstände oder Mumifizierung vor dem Zerfall geschützt sind.

MUMIFIZIERUNG Im alten Ägypten angewandte Technik zur Erhaltung des toten Körpers durch Einbalsamierung (Einreiben mit Salben), die dem Körper Feuchtigkeit entzog, sodass er nicht verweste

MYTHOS Eine alte Geschichte. Oftmals wird das Wort gleichbedeutend mit Sage oder Legende verwendet. Manchmal verwendet man das Wort auch, wenn man sagen will, dass eine Geschichte nicht wirklich wahr ist.

N. CHR. Nach Christus. In der christlichen Tradition die Zeit nach dem angenommenen Jahr der Geburt von Jesus Christus

NACHHALTIGKEIT Prinzip, nach dem nicht mehr verbraucht werden darf als wieder nachwachsen und künftig wieder bereitgestellt werden kann

NOMADE Jemand, der von Ort zu Ort zieht, um frisches Weideland für seine Tiere zu finden, und daher keinen festen Wohnsitz hat

PAPYRUS Eine Sumpfpflanze, aus deren Stängelmark die alten Ägypter eine Art Papier herstellten, oder das Papier selbst

PARLAMENT Die Gruppe gewählter Politikerinnen und Politiker, die die Gesetze eines Landes verabschieden

PHARAO Herrscher im alten Ägypten

PIKTOGRAMM Bilderschriftzeichen

PLATEAU Eine Hochebene

POPULATION Eine Gemeinschaft von Pflanzen, Tieren oder Menschen in einem abgegrenzten Gebiet

PRIMATEN Säugetierordnung, zu der Affen und Menschen gehören

PROTEKTORAT Ein Staat oder Land, das von einem anderen, mächtigeren Land kontrolliert und angeblich geschützt wird

RASTAFARI Eine Glaubensbewegung schwarzer Jamaikanerinnen und Jamaikaner, die an die letztendliche Erlösung der Schwarzen und ihre Rückkehr nach Afrika und ein dortiges Leben unter einem göttlichen König glaubt

RENAISSANCE Eine sich vom 14. bis zum 17. Jahrhundert erstreckende europäische Kulturepoche in der Zeit des Übergangs vom Mittelalter zur Neuzeit. In ihr wurden die Philosophie, Literatur und Kunst des klassischen Altertums wiederentdeckt.

SEPHARDEN Bezeichnung für Jüdinnen und Juden und ihre Nachfahren, die bis zu ihrer Vertreibung 1492 und 1513 auf der Iberischen Halbinsel (in Spanien und Portugal) lebten

SPRICHWORT Kurz gefasster, einprägsamer Satz, der eine immer wieder gemachte Erfahrung ausdrückt.

TOTEM Gruppenabzeichen, die eine mythisch-verwandtschaftliche Verbindung zwischen einem Menschen bzw. einer Gruppe und einer bestimmten Naturerscheinung darstellen. Die Naturerscheinungen sind häufig Tiere oder Pflanzen, jedoch auch Berge, Flüsse, Quellen und Ähnliches.

TRADITION Ideen, Verhaltensweisen, Kulturhandlungen, die in einer bestimmten Gruppe entwickelt wurden und von Generation zu Generation weitergegeben werden

UNESCO-WELTERBE Liste der UNESCO (Organisation der Vereinten Nationen für Bildung, Wissenschaft, Kultur und Kommunikation) von Welterbestätten, die ständig ergänzt und bearbeitet wird. Welterbestätten sind Zeugnisse vergangener Kulturen, materielle Spuren von Begegnungen und Austausch und künstlerische Meisterleistungen (Weltkulturerbe) oder einzigartige Naturlandschaften (Weltnaturerbe) mit einer Bedeutung für die gesamte Menschheit.

UNTERART In der Tierkunde eine Gruppe von Tieren, die sich in einigen Merkmalen von ähnlichen Gruppen unterscheiden, wobei die Tiere aus den einzelnen Gruppen sich noch untereinander paaren können

V. CHR. Vor Christus. In der christlichen Tradition die Zeit vor dem angenommenen Jahr der Geburt von Jesus Christus

VADZIMU Ahnengeister des Volks der Shona

VEREINTE NATIONEN *(United Nations)* Zusammenschluss von 193 Staaten mit dem Ziel der Erhaltung des Weltfriedens und der Einhaltung des Völkerrechts

VERHÜTTUNG Verfahren zur Gewinnung und Verarbeitung von Metallen

VEXILLOLOGIE Fahnenkunde. Lehre vom Fahnen- und Flaggenwesen

VOODOO Eine aus Westafrika stammende Religion, bei der übernatürliche Mächte, Geister und Zauberei eine Rolle spielen

WELTWUNDER Besonders beeindruckende Bauwerke des Altertums. Es gab sieben an der Zahl.

WILDEREI unrechtmäßige Jagd

ZIVILISATION Durch technischen und wissenschaftlichen Fortschritt geschaffene verbesserte Lebensbedingungen; komplexe menschliche Gesellschaft

REGISTER

A

Abdulmajid, Iman 35
Adichie, Chimamanda Ngozi 59, 60
Adjaye, Sir David 83
Afar 6, 31
Affen 21
Afrikaspiele 41
Ägypten 7–8, 10, 14–20, 22, 23, 25, 26, 28–29, 77–78, 80, 90
Aksum 11, 28–29
Algerien 8, 14, 16, 18–19, 21, 24–25, 77, 89–90
Ali, Muhammad 40
Almohaden-Dynastie 17
Almoraviden-Dynastie 16–17
Altes Ägypten 7, 10, 16-18, 20, 78, 80
Angola 9, 39–41, 62, 64, 68, 84, 86, 90
Antilope 20, 57, 68
Apartheid 70–71
Äquator 38–39
Äquatorialguinea 9,39, 43, 50, 91
Araber 12, 16, 18–19, 22–25, 29, 74–78
Architektur 13, 18, 29, 52, 83
Aschanti 53
Assal-See 26
Äthiopien 7–9, 10–11, 13, 26–29, 31, 33–34, 36–37, 78, 84, 91
Atlasgebirge 14, 21
Aubameyang, Pierre-Emerick 47
Auge der Sahara / Auge Afrikas 14

B

Ba'Aka 42
Bamileke 42
Bamum 38
Banda, Joyce 70
Bantu 10, 40, 65
Beduinen 18
Bemba 6, 64
Benin 9, 13, 51–53, 56, 58, 61, 90
Berber 6, 16–19
Big Five (Tiere) 68–69
Botswana 9, 62–66, 68–69, 71, 73, 87–88, 90
Boxen 40
Büffel 44, 67-69
Buganda (Königreich) 28
Bürgerkrieg 28, 52
Burkina Faso 8, 50, 58–60, 90
Burundi 9, 39–40, 46, 91
Byanyima, Winnie 34

C

Chewa 67
China 29, 75, 77
Christentum 11, 13, 19, 29–30, 49, 54
Computertomografie 81
Couscous 14

D

Dahomey (Königreich) 52
Danakil-Senke 26
Dangarembga, Tsitsi 71
Demokratische Republik Kongo 9, 12, 38–41, 43, 46, 48–49, 56, 78, 90
Diamanten 62, 65
Dinka 30
Djenné 51
do Espirito Santo, Alda 47
Dogon 54
Drogba Tébily, Didier Yves 59
Dschibuti 8, 26, 31, 90

E

El Saadawi, Nawal 22
Elefantenspitzmaus 13
Elefanten 7, 13, 16, 27, 31–32, 39, 44–45, 62, 67–69, 86
Elfenbeinküste 8–9, 50, 54, 56, 59, 91
Eritrea 8, 11, 26, 28, 31, 33, 91
Essen 14, 27, 43, 55, 81
Eswatini 9, 14, 62–64, 91

F

Fadiouth 50
Fang 43
Festivals 24, 46, 51, 60
Filme 7, 9, 47, 51, 60, 71, 82
Flaggen 88–91
Flusspferde 16, 44, 57
Fossilien 7, 10, 29, 33
Friedensnobelpreis 29, 34, 70

G

Gabun 9, 39–40, 43, 47, 49, 90
Gazellen 20, 32
Ge'ez-Alphabet 11, 29
Gebrselassie, Haile 35
Gewürze 29, 55, 81
Ghana (Königreich) 7, 11, 52–53
Ghana (Land) 7–8, 11, 39, 50, 52–57, 61, 85, 87, 90
Gnawa 24
Gold 11, 28–29, 41, 53, 64–65
Goldmedaille 30, 46, 70
Graben(bruch), Ostafrikanischer 28, 31–32
Große Grüne Mauer 61
Groß-Simbabwe 9–10, 65,
Grüne Energie 25
Guinea 8, 24, 50, 55–56, 86, 90
Guinea-Bissau 8, 50, 56, 90
Gurnah, Abdulrazak 35

H

Hajjaj, Hassan 23
Handel 10–11, 17, 20, 26, 28–29, 41, 52–53, 64–65, 69, 74–76,
Harmattan 56
Haroun, Mahamat Saleh 47
Hausa 54
Herero 6, 72
Himba 12, 66
Hirsche 21
Hochland von Eritrea 33
Hochland von Kamerun 45
Hochländer 6–7, 11, 33, 45, 56
Homo erectus 76, 77
Homo habilis 29
Homo sapiens 76
Hyänen 21

IJ

Ife (Königreich) 11, 53
Impfung 80
Ingenieur 34
Islam 13, 15-16, 18–19, 28–30, 54, 88–89
Islamische Expansion 16, 18
Jollof 55
Juden 19

K

Kaffee 26, 37, 78
Kairo 12, 15, 22, 25
Kakao 39, 50
Kalahari 68
Kalender 8, 19, 26, 78
Kalendschin 9, 30
Kamerun 8–9, 39–40, 42–43, 45, 48, 86, 91
Kap Verde 8, 50, 57, 91
Kap der Guten Hoffnung 64
Kapelle auf dem Bikuhügel 27
Kapflora 69
Karbonstahl 79
Karibik 10, 74–76, 81
Karthago 15–17
Katanda 39
Kenia 7, 9, 26–27, 29–32, 34, 36–37, 69, 82, 91
Kidjo, Angélique 58
Kilimanjdscharo 27, 32
Kilwa Kisiwani 29
Kinshasa 12, 40, 43, 48
Klimaaktivisten 58, 83
Klimawandel 58, 61, 76, 83
Kochbanane 43, 74, 81
Kohlendioxidemissionen, Reduzierung 49
Kolonialismus 8, 10–11, 16, 18, 28–29, 40, 42, 52, 64, 72, 75, 77, 80
Kongo (Fluss) 9, 40, 44, 56
Kongo (Königreich) 39, 41
Kongobecken 42, 44
Königliche Trommler von Burundi 46
Kontinentgröße 6, 8
Konza (Technologiezentrum) 37
Kopten 19
Koutammakou 9, 51
Krieger 58
Krokodile 20, 56
Kuba (Königreich) 41
Kühe 39
Kulturen 6, 10–13, 16–18,28, 30, 42, 48, 52–54, 60, 65–67, 74–75, 79, 84
Künstler 23–24, 34, 41, 43, 50, 75, 81
Kupfer 10–11, 41, 53
Kusch (Königreich) 28
Kwelagobe, Mpule Keneilwe 71

L

La Sape 42

Landwirtschaft 17, 19, 25, 35, 40, 42–43, 52, 89
Leoparden 31–32, 44, 68–69
Lesotho 9, 12, 14, 62–64, 91
Liberia 8–10, 50, 56, 89, 91
Libyen 8, 14–19, 23, 25, 88, 90
Lingala 6
Löwen 27, 31–32, 68–69
Luba (Königreich) 41
Lucy-Skelett 33
Lunda (Königreich) 40
Luthuli, Albert John 70

M

Maathai, Wangari 29, 34
Madagaskar 9, 27, 85, 90
Maghreb 15, 19
Mahfouz, Naguib 22
Makeba, Miriam 71
Mali 8, 10–11, 24, 50–56, 62, 90
Mandela, Nelson 11, 62, 82
Mangroven 56
Maniok 43, 81
Mapungubwe (Königreich) 65
Marokko 8, 14, 16–19, 21, 24, 77, 91
Massai 6, 31–32
Matar, Hisham 23
Mathematik 75, 78, 81
Matmata 15
Mau-Mau 29
Mauretanien 8, 11, 14, 16–17, 24, 55, 91
Menschenaffen 7, 32, 42, 44–45
Migration 10, 32, 35, 40, 45, 76–77
Mittelmeer 8, 17, 21, 76
Mobilegeld 29, 37
Mobutu, Joseph 40
Modedesigner 61
Monomotapa (Königreich) 64
Moringue 37
Mosambik 9, 28, 62–64, 70, 89, 91
M-Pesa 29
Mumifizierung 10, 17
Musik 13, 24, 34, 41, 43, 46, 48–49, 52, 58, 64, 71–75, 79, 81–82
Muslime 18–19, 29, 54
Mutola, Maria de Lurdes 70

N

Nakate, Vanessa 83
Namib (Wüste) 9, 68
Namibia 9, 12, 62, 64, 66, 68–69, 72, 89, 91
Nashörner 16, 68–69
Naturwissenschaftler 23
Neue Hauptstadt (Ägyptens) 25
Niger 8,51, 53–54, 56–57, 90
Nigeria 7, 8–9, 45, 51–56, 58–61, 82, 84, 88, 90
Ni 8, 15, 19–20, 56, 78
Niyongabo, Vénuste 46
Noah, Trevor 83
Nok 52
Nollywood 7, 9, 51
Nomaden 12, 16, 18–19, 43, 66
Nordafrika 6, 8, 12, 14–25, 75, 76–77
Nordamerika 74–77
Nubier 26, 28
Nyong'o, Lupita 82

O

Okapi 45
Okavango-Delta 69
Okra 81
Oladosu, Adenike 58
Osmanisches Reich 17
Ostafrika 6, 8, 10, 20, 26–37, 63, 76

P

Palmwein 55
Papa Wemba 46
Pharaonen 10, 17
Portugal/Portugiesen 11, 16, 19, 47, 63–65, 75–77
Präsidenten 11, 25, 40, 47, 52, 59, 70, 75, 82
Pyramiden 8, 10, 17, 26

R

Rabat 24
Regenwälder 7, 8, 38, 40, 44–45, 49
Reiche (Königreiche, Kaiserreiche) 7, 10–11, 14, 17, 19, 28–29, 40–41, 50, 52–53, 55, 58, 64–65, 76
Republik Kongo 9, 12, 39–41, 90
Roboter 48
Römer 16, 19, 76, 80
Rozvi (Königreich) 64
Ruanda 9, 27–28, 30, 32, 36, 90
Rumba 43, 46, 74

S

Sahara 8, 11–12, 14–16, 19–21, 24, 29, 38, 41, 44, 51–52, 56
Sahel(zone) 19, 43, 61
Salah, Mohamed 22
Sambia 9, 40, 62–64, 66–67, 84, 91
San 66
Sankara, Thomas 59
Savanne 6–7, 14, 19, 21, 32, 39, 44, 68–69
Schildkröten 57
Schlammtuch 55
Schlangen 51, 68
Schmerzmittel 80
Schmetterlinge 39
Schnecken 57
Schriftsteller 22–23, 35, 47, 59–60, 71, 82–83
Selassie, Haile 29, 34
Senegal 8, 11, 16, 50, 53, 55–56, 61, 85, 91
Serengeti-Nationalpark 7, 32
Seychellen 9, 27, 91
Shona 6, 13,63–64, 67
Siebenfarbige Erde 33
Sierra Leone 8, 50, 55–56, 87, 91
Silicon Savannah 7, 26, 36
Simbabwe 9, 11, 13, 62–65, 69, 71
Sklaverei 10, 24, 50, 53, 74–76, 79, 81, 89
Skulpturen 11, 41, 43, 52
Somalia 9, 11, 26–27, 30, 35, 91
Songhai (Königreich) 7, 10, 52–53
Soukous 43, 46
Spanien 11, 16–17, 19, 75–76
Sport 22, 27, 30, 35, 40–41, 46–47, 59, 70, 74–75
Sprachen 6–7, 9–10, 13, 18–19, 30, 38–39, 42, 50, 54–55, 59, 62–63, 66–67
Städte 6, 9, 11–13, 15–17, 24–25, 27, 29, 35–37, 40, 43, 48, 50–52, 60, 65, 75
Steinwerkzeuge 64
Stoffe 10, 20, 23, 41, 53, 55, 61
Südafrika 6, 9, 11–13, 62–72, 81–83, 88–90
Südamerika 10, 74, 76–77
Sudan 8, 11, 19, 26–28, 77, 86, 90
Südliches Afrika 6, 8–9, 11–12, 62–73
Südsudan 8, 27–28, 30, 90

T

Tansania 9, 27, 29–32, 36–37, 69, 79, 84, 90
Tanz 13, 27, 31, 43, 54, 67, 74–75, 81
Togo 8–9, 51, 53, 56, 86, 91
Tschad 8, 38, 40, 43–44, 47, 54, 89–90
Tschad-See 38
Tuareg 18, 24
Tunesien 8, 14–19, 21, 25, 77, 91

U V

Uganda 9, 20, 26–28, 30, 32, 34, 36, 83, 91
Unabhängigkeit 8, 11, 14, 16, 27–29, 40, 47, 52, 54, 64, 77, 88
Universitäten 14, 37
Vanille 27
Viktoriafälle 9, 63
Völkermord 28
Voodoo 13

W

Wakaliwood 36
Westafrika 6, 8, 11, 13, 19, 40, 45, 50–61, 65, 74, 79, 81–82
WizKid 82
Wodaabe 43
Wolof 6, 55
Wölfe 7, 33
Wüsten 6, 8–9, 12, 14, 16, 18–20, 25, 38, 44, 51, 56–57, 62, 68

X Y

Xhosa 6, 62, 67
Yams 43, 81
Yéké Yéké 50
Yennenga 58, 60
Yoruba 6, 53

Z

Zagwe-Dynastie 28
Zebra 27, 32, 45, 67–68, 88
Zentralafrika 10, 38–45, 65, 74, 76
Zentralafrikanische Republik 8, 39, 91
Zewail, Ahmed H. 23
Zulu 65

Für meinen Vater, den Buchliebhaber Maxwell Muzanenhamo Chakanetsa (K.C.)
Für meine kleinen Nichten Emmanuella und Gbemisola (M.A.)

Besonderen Dank an Feliciana Nzungu für ihre
hervorragende Recherche und überhaupt für alles!

Weitere spannende Sachbücher
findest du auf unserer Homepage:
www.gerstenberg-verlag.de

Die Originalausgabe erschien 2022 unter dem Titel
AFRICANA – *An encyclopedia of an amazing continent*
bei Quarto Publishing, London

1. Auflage 2023

Aus dem Englischen von Margot Wilhelmi, Engen-Neuhausen
Der Gerstenberg Verlag dankt Dr. Helmut Danner
für die fachliche Durchsicht.
Printed in China
www.gerstenberg-verlag.de
ISBN 978-3-8369-6219-3

MIX
Papier | Fördert gute Waldnutzung
FSC® C008047